T0107942

QU'EST-CE QU'UN CAS MORAL ?

CHEMINS PHILOSOPHIQUES

Collection dirigée par Roger POUIVET

Serge BOARINI

QU'EST-CE QU'UN CAS MORAL ?

Paris

LIBRAIRIE PHILOSOPHIQUE J. VRIN

6, place de la Sorbonne, Ve

2013

A. R. Jonsen, « Casuistry : An Alternative or Complement to Principles ? »,
© *Kennedy Institute of Ethics Journal*, vol. 5, n° 3, 1995, p. 241-246.

© *Librairie Philosophique J. VRIN*, 2013

Imprimé en France
ISSN 1762-7184
ISBN 978-2-7116-2504-8

www.vrin.fr

QU'EST-CE QU'UN CAS MORAL ?

Aucune notion ne semble plus ancienne dans l'agir humain tant le cas moral paraît coextensif à l'action humaine. Agir c'est s'abandonner aux lois du monde et aux circonstances extérieures, et l'on découvre assez vite que celles-ci ne se plient pas aux exigences intérieures de la conscience ou aux valeurs reçues par les mœurs, les coutumes et, plus généralement, les croyances morales. Cependant la notion n'est pas univoque et le sens de cette notion n'a pas la clarté des évidences premières.

AMBIGUÏTÉS DU CAS MORAL

Soumis à l'interrogation tatillonne et ironique du cardinal-archevêque du lieu, l'abbé Lantaigne, dans l'*Orme du Mail*, demande : « – Et le pendu, monseigneur, était dans l'espace contenu par le tambour ? C'est un point qu'il importe essentiellement de déterminer. Votre Eminence en sent toute l'importance »[1]. Ce point incertain concerne la position des bras : si l'un des bras du malheureux faisait saillie et entrait dans

1. A. France, *Histoire contemporaine*, Paris, La Table ronde, 2004, p. 46.

l'église, la nature de la faute changerait. Simple suicide ou, par delà, acte sacrilège et profanation d'un lieu saint avec nécessité de purification ? Dans cet exemple, l'interrogation porte sur des détails, des circonstances, dont la nature exacte ouvrira une alternative entre deux jugements évaluatifs. En procédant à l'analyse de cet exemple, on découvre que le cas met en présence des facteurs très hétérogènes : des personnes en inter-relation ; des faits reliés ou à relier les uns aux autres ; des normes qui donnent à ces faits un sens particulier ; un lieu d'instanciation du cas, en l'occurrence le langage : le cas est rapporté, puis précisé, enfin identifié et résolu au sein d'énoncés. Tout d'abord : les personnes. L'une consulte l'autre, un expert, dont la formation ou le statut accréditent la compétence ; le cas fait l'objet d'une sollicitation et d'une tractation entre des personnes mises en relation : il s'agit de s'entendre sur le sens et la nature du cas. Viennent ensuite les faits qui peuvent se répartir en trois catégories : un ensemble d'éléments fixes (le corps du pendu, l'église) qui fournissent la matière du cas ; une zone plus indécise de faits qui ne déterminent pas la nature du cas mais dont la modulation importe à l'évaluation (la position exacte du bras) ; un décor incertain et inutile pour l'appréciation morale (le style architectural de l'église, la température extérieure). Interviennent à propos de ces faits des normes, celles qui défendent les valeurs du christianisme. Elles ne sont ni inertes ni de même importance. D'une part elles soumettent le cas à l'appréciation morale et, par voie de conséquence, elles amènent à entrer en réparation de manière différente l'une et l'autre (privation de sépulture ; purification du lieu de culte). D'autre part elles n'ont pas la même importance : le respect de la vie est une norme plus haute que le respect du lieu de culte. La norme prescrivant de protéger la vie est directement tirée du décalogue (« tu ne tueras point »), celle prescrivant de ne pas attenter à la dignité d'un lieu est dérivée du premier commandement (« un seul Dieu tu adoreras ») puisque rien n'impose d'adorer ce Dieu dans ce seul lieu qu'est l'Eglise. Dernier facteur du cas : l'énoncé et le langage. Il n'y a pas de cas qui ne soit formulé. Non pas seulement parce qu'en l'absence de formulation le cas resterait inconnu à jamais, mais parce que le cas n'est pas réductible à un ensemble de faits. Il est présenté dans un énoncé. Davantage : cette présentation dans le langage en fait l'architecture voire l'identité, de sorte que le cas bien exposé contiendrait les éléments de sa résolution. Rapportés les uns aux autres, les éléments du cas dégagés par l'analyse indiquent que le cas est une figure de l'énonciation qui rapporte des éléments du monde extérieur afin de les soumettre à l'évaluation morale.

Au premier abord donc un cas moral est une situation dans laquelle ou à propos de laquelle plane une certaine ambiguïté sur le devoir à accomplir. Revenons sur chacun de ces termes, et examinons maintenant la pertinence de cette première définition.

1) Le cas moral serait une situation ou encore un ensemble de faits coordonnés et présentant une certaine unité. Le cas appartiendrait au monde extérieur commun de sorte que tout énoncé décrivant un cas serait un énoncé *référentiel*. Toutefois deux points restent dans l'ombre : en quoi un cas serait-il proprement un cas *moral* ? Et si l'énoncé du cas est un énoncé référentiel, quel serait donc cet élément proprement moral contenu dans le monde extérieur commun ?

2) Le cas moral exposerait une ambiguïté ou il s'exposerait à une ambiguïté de sorte que l'incertitude est la contrepartie subjective d'une situation objective. Le cas moral peut s'envisager de deux façons : soit comme une situation dans laquelle un sujet ou des sujets sont dans l'expectative sur ce qui est moralement attendu, exigible, ou seulement souhaitable, soit

comme une situation pour laquelle un sujet ou un ensemble de sujets examinent la question de la détermination de ce qui est moralement attendu. Ainsi le cas moral peut tantôt être une situation *effective* et elle concerne des sujets partenaires, tantôt une situation *prospective* et elle sollicite des sujets extérieurs. Rien n'empêche au demeurant que le cas moral soit alors un cas fictif, modelé soit pour *typifier* une situation (un cas d'école) soit pour envisager toutes les *solutions possibles* et leurs limites (le cas sera alors une expérience de pensée).

3) Le cas moral présenterait une ambiguïté sur le devoir à accomplir. L'ambiguïté a plusieurs facettes : cela peut être une incertitude dans l'identification du principe moral (quel devoir moral accomplir ?), mais aussi une incertitude sur l'élection du principe moral quand plusieurs apparaissent en concurrence (lequel parmi les devoirs moraux faut-il privilégier et lequel accomplir ?). Cela peut être encore une incertitude sur la *spécification* du devoir : comment inférer un contenu d'un devoir moral de portée générale ? Cela peut-être enfin une incertitude procédurale qui relève de la manière d'inscrire *hic et nunc* un devoir moral dans les faits. Étant donné les éléments de la situation, comment faire entrer dans cette situation les éléments susceptibles de modifier les traits situationnels conformément au contenu du devoir moral ?

4) Le cas moral supposerait acquis, d'une part, que la morale est un milieu sinon omniprésent du moins un milieu ayant une certaine prégnance, et, d'autre part, que la morale se décline en termes d'obligations et de prescriptions. Or ni l'une ni l'autre de ces positions ne va de soi. La faible cotation en bourse d'une firme prospère peut se décrire en termes économiques sans qu'il entre dans cette approche la moindre considération morale. Le monde de la morale n'est ni souverain, dira-t-on, ni prévalent. Un monde sans morale reste un monde tout de même, et la morale n'apporte peut-être aucune

signification pertinente pour comprendre ou seulement décrire ce qui est autour de nous. Et, d'un autre côté, il reste à savoir si un cas moral serait possible dans une conception non prescriptive de la morale.

La distinction entre les deux types de « cas moral » (effectif/prospectif) peut être opérante : les acteurs inclus dans la situation ne pourraient pas percevoir cette dernière comme un cas s'ils n'avaient cette capacité de doubler la description de la situation où ils sont de la description d'une *autre* situation, et s'ils ne disposaient de la capacité de superposer celle-ci à celle-là. Le cas moral ne surgirait que parce qu'un monde possible n'est pas accompli dans le monde factuel. Ce qui est là n'est pas tout ce qui aurait pu être là. Ainsi, et dans un premier temps, ce n'est pas tant en termes de prescriptions ou d'obligations que le cas moral se pose qu'en termes d'exhaustivité et de limitation du réel face au possible. Dans une certaine organisation des traits situationnels, un autre arrangement aurait pu se présenter. Le cas moral surgit avec la conscience de cette non-superposition du réel et du possible.

C'est cet écart, comme la manière qu'ont les agents situationnels de l'apprécier voire de le supprimer, qu'évaluent les personnes tierces extérieures à la situation. De la sorte peut se lever la difficulté liminaire : si la morale n'est ni omni-présente ni prégnante, elle propose toutefois une certaine orga-nisation cohérente, intelligible et signifiante de traits situation-nels : cette organisation permet de coordonner les traits situa-tionnels de telle sorte que ce qui a eu lieu, *si seulement il avait eu lieu autrement*, aurait reçu un autre sens et un sens plus cohérent. Le cas moral appelle une organisation des traits situationnels qui les mettrait en cohérence soit avec certaines attentes (option relativiste) soit avec les traits structuraux glo-baux (option utilitariste, option évolutionniste) ou universels (option kantienne).

Cela implique que la morale soit non seulement un domaine de l'action mais aussi un domaine du sens et un domaine de la compréhension de l'agir humain et, plus largement, du monde.

De ce premier aperçu, il résulte 1) que le cas moral est tantôt une situation tantôt un énoncé se rapportant à une situation, 2) que le cas moral n'est pas propre aux morales prescriptives et déontologiques, 3) que le cas moral ne met pas l'accent seulement sur l'identification d'un principe moral et qu'il requiert parfois d'autres stratégies de recherches : comparaison des principes, spécification de principes subalternes, détermination des moyens appropriés pour appliquer des principes.

ANTINOMIE DU CAS. DÉFINITIONS ET CARACTÉRISTIQUES

Le cas n'est pas une notion réservée au seul domaine de la morale. On parlera de cas dans des disciplines autres que la morale ou dans des domaines autres que celui de l'action humaine. Toute observation qui ne semble pas pouvoir s'inscrire dans le corpus constitué de connaissances établies sera un cas : l'écart entre la prévision et l'observation de précession du périhélie de Mercure autour du soleil dans la mécanique newtonienne, un symptôme inattendu dans le cours d'une maladie pourront faire figure de cas.

Le cas serait donc un écart par rapport à une prédiction effective ou possible ; cette prédiction serait inférée depuis un ensemble de connaissances. Trois conséquences s'en suivent : le cas n'est pas découvert, il est le résultat d'un processus de description et de prescription ; cet effort est conduit par une personne et la question se pose de savoir dans quelle mesure et dans quelles limites le cas n'est pas une pure construction ; la personne qui rend compte du fait est elle-même insérée dans un contexte, lui-même inscrit dans une culture. Pour un prêtre catholique du XVIIIᵉ siècle, savoir s'il doit en conscience renouveler le baptême donné sous condition à l'ensemble des produits issus avant terme de la femme enceinte, est bel et bien un cas moral. Il n'en ira pas de même au XXIᵉ siècle pour un prêtre de la même obédience qui aura été instruit dans la connaissance de la biologie et de l'embryologie contemporaines.

L'antinomie du cas

Ces trois conséquences semblent *s'annuler* : tout est cas moral – ou du moins tout peut être matière à cas moral – si le cas est une construction ; rien n'est cas moral – ou du moins rien n'est en soi et de manière pérenne un cas moral – si cette construction est tributaire d'un contexte, d'une culture, et d'un arbitrage qui aura choisi une *certaine* pondération entre les facteurs objectifs d'une part, les valeurs morales d'autre part, et qui aura dû veiller à l'application, via des principes, de celles-ci à ceux-là, enfin.

Il s'agirait donc d'une *antinomie* : si le cas moral est une réalité indépendante de toute lecture descriptive organisant les faits en une certaine configuration, alors il n'y aura jamais que des cas. L'action de l'homme se heurte, pour s'y insérer, à des facteurs toujours nouveaux, jamais strictement identiques, quels que soient les acquis de l'expérience. En revanche si le cas moral n'est tel que parce qu'un sujet (un sujet ou plusieurs sujets, des groupes, voire des instances impersonnelles) propose une lecture descriptive des faits afin de les doter d'une certaine organisation, alors le cas moral s'évanouira puisqu'il ne s'agira jamais que de livrer une *autre* lecture et proposer ainsi une autre configuration de cette organisation. Les interprétations normatives seront à chaque fois en relation conflictuelle : conflit afin de trouver laquelle des normes reconnues comme pertinentes et laquelle des valeurs estimées comme seules légitimes est à appliquer, dans le premier cas de figure ; dans le second cas de figure, conflit afin de proposer une description susceptible de donner une vision doublement cohérente des éléments, cohérente avec les faits décrits, cohérente avec un ensemble de normes et de principes communément partagés.

Après avoir fixé les contours du sens de certains termes, il s'agira de parvenir à une définition du cas en distinguant ce dernier de toutes les notions avec lesquelles il peut être apparenté sans leur être identique. Un ensemble de caractéristiques du cas qui ne dépendent pas strictement de sa nature complèteront sa présentation.

Définitions

La *valeur morale* polarise l'action. Elle n'est pas le terme de l'action : nulle action ne peut réaliser la valeur qui la polarise. Elle est le but en vue duquel on agit. Elle mobilise et elle provoque l'action.

Le *principe moral* est ce qui oriente l'action : le principe permet de savoir quel contenu d'action réaliser soit par déduction soit par limitation d'autres principes concurrents. On peut donc accomplir un principe en cela que dans l'action réalisée se trouve le principe. Le principe donne un *mobile*.

La *norme morale* prescrit une action soit sous la forme d'un commandement (précepte) soit sous la forme d'une recommandation (conseil). La différence entre le précepte et le conseil n'est pas dans la modalité de la proposition normative ; elle est dans l'extension de la norme : le précepte prescrit pour tous les cas d'une classe ; le conseil prescrit pour un cas ou pour une classe de cas inclus dans un ensemble d'actions.

De sorte que la liberté est une valeur, que l'autonomie est un principe, et que la décision de suspendre des soins futiles sera une norme morale.

Du point de vue de la situation factuelle, un cas moral serait donc un ensemble de faits dans lesquels ou pour lesquels la valeur morale, la norme ou le principe sont soit absents (les situations indifférentes, les *adiaphora*), soit inconnus, soit inidentifiables (par concurrence ou par immixtion de principes et de normes, de rang et d'extension inégaux ou hétérogènes).

Du point de vue du sujet, un cas moral est un ensemble de faits dans lesquels ou devant lesquels l'action humaine est d'une part *requise* et d'autre part *indécise*. Il faudrait agir sans que l'on sache quoi faire. Plusieurs facteurs peuvent en rendre compte. Un cas moral est un ensemble de faits *dévalués, énormes, sans principes* : les valeurs ou les attentes morales de chacun sont différentes entre elles, voire elles ne peuvent pas être compatibles (le cas comme *dévaluation*) ; nulle norme morale ne semble pouvoir s'appliquer ou ne semble pouvoir convenir, ou nulle norme ne semble prévaloir (le cas comme *énormité*) ; les principes moraux divergent, qu'ils appliquent le contenu des mêmes normes ou qu'ils appliquent le contenu de normes distinctes (le cas comme *antagonisme* des principes).

Distinctions

Parce qu'il est proche de diverses autres notions, il importe maintenant de saisir ce qui fait le propre du cas et ce qui le distingue notamment du *cas de conscience*, du *différend*, du *dilemme*, du *problème moral*.

Un cas moral n'est pas nécessairement
un cas individuel ni un cas personnel

Le cas moral peut être collectif et il peut se poser à une institution. Un cas moral peut inclure des participants qui s'interrogent collectivement, collégialement parfois, sur la pertinence de la valeur, sur la légitimité de la norme à appliquer, sur la justesse du principe qui appliquera la norme.

Ainsi Mello et Wolf rappellent la condamnation de l'Etat de l'Arizona amené à payer $700 000 à 41 membres de la tribu des Havasupai [1]. Ces auteurs se demandent ce que peut être un consentement informé à propos d'échantillons conservés dans des collections, lorsqu'ils sont utilisés à d'autres fins que celles initialement prévues. Les Havasupai participèrent en effet à une étude sur le diabète, mais les échantillons de sang collecté furent ensuite communiqués à d'autres équipes afin de servir à d'autres projets : les causes génétiques de la schizophrénie ; la consanguinité ; l'étude des origines de la tribu dont les ancêtres auraient traversé le détroit de Bering. Les Havasupai obtinrent gain de cause contre l'Arizona State University au terme d'un type de procédure où, ordinairement, les parties sont déboutées. Accepter par principe une collection en signant un blanc-seing déboucherait sur des difficultés morales : les participants à un essai ne peuvent pas envisager tous les usages qui pourraient être faits de leurs échantillons.

Il s'agit bien d'un cas moral sans que ce cas soit un cas individuel ou personnel : incertitude sur les valeurs à privilégier (vérité ou liberté), sur les normes à adopter (autonomie des investigateurs ou intégrité des personnes ; intérêt général

---

1. M. M. Mello, L. E. Wolf, « The Havasupai Indian Tribe Case – Lessons for Research Involving Stored Biologic Samples », *New England Journal of Medicine*, 363, 2010, p. 204-207.

voulu par l'investigateur ou intérêt propre aux Havasupai), sur les principes à retenir (conserver la collection ou la détruire).

Un cas moral n'est pas nécessairement un cas de conscience

Non seulement le cas moral n'est pas nécessairement et inévitablement personnel, mais encore il peut concerner des situations sans appel aucun à l'intériorité ou au for intérieur.

Certes, dans la casuistique catholique, le cas est le moment de l'*épreuve* de la conscience puisque la conscience doit reconnaitre dans le cas l'instanciation de la norme à appliquer, ou elle doit identifier laquelle des normes doit s'inscrire dans les faits : le cas est bien un cas de conscience en cela que la conscience est placée face à la divinité. D'où le soin attaché à l'analyse de l'intention et l'intérêt porté à la manière dont elle a déterminé l'acte.

Néanmoins un cas moral peut être identifié de l'extérieur par toute personne qui n'y serait pas engagée. L'entrée en guerre pour protéger un autre État contre une puissance tierce (la première Guerre du Golfe, par exemple) est un cas moral sans jugement de la conscience privée : la décision est politique ; ses attendus peuvent n'être pas publics – quand ils ne sont pas dévoyés (Discours à la Chambre des Communes, Tony Blair, 24 septembre 2002).

Un cas moral n'est pas un différend

Pour Lyotard : « (…) un différend serait un cas de conflit entre deux parties (au moins) qui ne pourrait pas être tranché équitablement faute d'une règle de jugement applicable aux deux argumentations »[1]. Or le cas n'est pas de prime abord une argumentation quoiqu'il ne puisse en effet être traité et résolu que s'il entre dans le langage par le biais d'une certaine construction des énoncés. D'autre part le cas moral peut être un conflit qui se situe tantôt au niveau normatif (quelle norme prescrire ici de préférence à une autre ?) tantôt au niveau de la spécification de la même norme (la norme de véracité étant posée, quelle action prescrira-t-elle ?). Enfin l'évaluation de la résolution d'un cas moral peut se faire sous d'autres fourches caudines que l'équité. Dans la casuistique catholique, l'équité cède la place à l'argument d'autorité ou à l'argument jurisprudentiel (ce qui a été résolu naguère s'applique encore ici).

Un cas moral n'est pas un dilemme

Un dilemme est l'opposition de deux propositions telle qu'aucune des deux ne puisse être acceptée – sans qu'il y ait au demeurant une contradiction de nature logique entre les deux. La conclusion d'un dilemme est inacceptable, ou elle doit l'être, puisqu'il s'agit d'un procédé rhétorique au terme duquel l'adversaire doit renoncer à sa position. Le dilemme se replie sur lui-même et se clôt alors que le cas appelle l'ouverture vers une solution.

Le dilemme est initialement une figure de rhétorique par laquelle le rhéteur contraignait l'adversaire à renoncer à l'une ou l'autre de ses positions. Hermogène présente le dilemme comme une forme *interrogative* : il est *adressé* à l'adversaire dont on veut venir à bout ; il consiste dans des questions auxquelles nulle réponse ne peut être donnée sans qu'il y ait alors désaveu soit d'une position précédemment avancée soit

---

1. J.-F. Lyotard, *Le différend*, Paris, Éditions de Minuit, 1983, p. 9.

d'une position tenue pour commune[1]. Le rhéteur a d'ores et déjà préparé les réponses possibles de sorte que le dilemme est moins le moyen de chercher une vérité, ou le moyen d'éprouver la sagacité de l'adversaire, qu'une arme pour le réfuter. Le dilemme n'est donc ni un moyen de poser les termes d'une recherche ouverte, ni la reconnaissance d'une difficulté qui existerait en elle-même. Par voie de conséquence le dilemme suppose que les propositions recouvrent exhaustivement le champ des possibles. Il n'existe aucune échappatoire à l'une ou à l'autre des deux positions.

La position d'un dilemme suppose d'une part que la valeur, dans toute sa portée extensionnelle, est inscrite dans l'une ou dans l'autre des possibilités offertes par le dilemme, d'autre part qu'aucune autre possibilité n'est envisageable (la liste des possibles est close), enfin que la position de l'un des termes du dilemme entraîne par voie de conséquence la position de l'autre terme.

Il va de soi que tout dilemme n'est pas un cas moral (*cf.* les *crocodilines* de Quintilien, *Inst. Or.* I, 10, 5[2]) et que tout cas moral n'est pas un dilemme. Par exemple, baptiser sous condition l'enfant né vivant mais non viable, ou bien exiger un intérêt pour la somme d'argent prêtée sont des cas moraux sans dilemme : nulle valeur n'est toute entière dans les termes des diverses possibilités, ni dans l'un des termes de manière

---

1. Hermogène de Tarse, *L'art rhétorique...*, trad. fr. intégrale, introd. et notes par M. Patillon, « Idea », Lausanne, Paris, L'Âge d'Homme, 1997, p. 299-300.

2. « A propos de cet enfant, si d'aventure un crocodile le trouve errant au bord du fleuve et l'attrape, puis promet de le rendre à condition que tu devines la vérité sur ce qu'il a décidé pour la restitution du petit, que diras-tu qu'il a décidé ? », Lucien, *Les vies des philosophes à l'encan*, 22, dans Lucien, *Œuvres*, t. IV, trad. fr. J. Bompaire, Paris, Les Belles Lettres, 2008, p. 95-96.

privilégiée (mais y aurait-il dilemme?), ni dans la totalité mais de manière éclatée. Il importe seulement de choisir toute solution qui semblera exprimer au mieux, ou au plus près, la valeur reconnue (salut de l'enfant; amour de charité pour le prochain). Davantage encore, il y a des dilemmes *moraux* qui ne sont pas des cas : rendre l'épée que vous a confiée son propriétaire, devenu entre-temps fou, est un dilemme : la non-malfaisance impose de garder l'épée; la liberté, liée ici par la parole donnée, impose la restitution. Ou bien la parole est tenue et les risques d'homicide et de suicide sont grands, ou bien la personne du propriétaire est tenue pour respectable – fût-elle hors de son bon sens -, et la dénonciation d'un libre engagement est alors impérative. Toute décision ne peut être prise qu'en renonçant à une valeur initialement reconnue. Davantage : choisir une possibilité revient à promouvoir la possibilité opposée et adverse. Le dilemme moral devient un cas moral lorsque l'on considère que la même question ouvre vers d'autres voies de solution, chacune reconnaissant les valeurs qui sont en jeu. Dans l'exemple de la restitution, les autres solutions seraient : différer la restitution, restituer à une tierce personne qui représenterait les intérêts du propriétaire de l'épée.

Un cas moral n'est pas un problème moral

Un problème moral suppose la formulation claire et explicite des éléments pour lesquels nulle solution ne peut être immédiatement trouvée. Si le problème et le cas partagent ce dernier point commun (la *perplexité*), en revanche ils se distinguent par trois aspects. D'une part, le problème peut avoir identifié la difficulté alors que le cas demande que l'on recherche encore quelles sont les causes de cette difficulté. D'autre part, le problème ne retient d'une situation difficile que les relations entre les circonstances qui la composent tout en tenant pour négligeables les circonstances elles-mêmes. Il a une portée générale et abstraite. Enfin un problème peut être résolu (le *vrai*) alors que le cas appelle un effort d'appropriation et d'adéquation de la réponse apportée (le *juste*).

La guerre juste peut être un problème moral tandis que la guerre en Bosnie et le droit d'ingérence dans les affaires d'un pays tiers dépendent de la classe des cas moraux.

Conclusion intermédiaire

Un cas moral est donc une source de perplexité sur la nature morale des éléments qui le composent. On pourrait encore envisager que relève d'un cas moral toute perplexité qui concernerait des faits *impossibles* ou *improbables*, ou impliquant des êtres *inanimés* (bouleverser un paysage pour édifier un village de vacances[1]), ou encore qui engagerait des perspectives *futures* (retentissement des rejets de méthane sur le réchauffement de la planète, risque de dissémination des espèces génétiquement modifiées et menace sur la biodiversité).

Caractéristiques

Outre la définition du cas qui entend lui attribuer son *essence*, un ensemble de propriétés, qui ne lui sont pas essentielles, s'appliquent au cas moral : il est inédit sans être numériquement un ; il ne peut être appréhendé que par une description ; cette description est active et elle participe à la construction du cas.

---

1. R. Nash, « Do Rocks Have Rights ? », *Center Magazine*, 10, 1977, p. 2-12.

Le cas moral est inédit sans être numériquement un

Derrière la notion de cas moral se tient une conception *ontologique*. Si le cas moral était unique, il serait impossible de lui trouver une solution ; il serait même impensable de lui en chercher une. L'action humaine serait affrontée à des faits singuliers et toute action exigerait un casuiste. Mais le cas n'est pas un ensemble de faits incoordonnés : le cas est avant tout une organisation donnée de faits dont il est incertain qu'elle puisse être comprise et évaluée par une norme, ou par une norme qui puisse prévaloir sur les autres avec lesquelles elle rivalise. Le cas peut être inédit en ce sens que cette organisation n'a pas été recensée dans la littérature, et qu'il n'existe aucun précédent sur lequel s'appuyer. Cependant sa nouveauté ne tiendra pas nécessairement à la matérialité des faits ni exclusivement aux normes. Si le cas moral présente une organisation inattendue de faits déjà rencontrés et de faits déjà mis en relation par des normes, en revanche cette organisation et cette disposition n'ont pas été remarquées par le passé. La principale tâche en vue de résoudre le cas sera alors de trouver, pour ces faits, une organisation pour laquelle une *interprétation* nouvelle peut suffire, à moins qu'il ne faille proposer une *réoganisation* de ces faits, c'est-à-dire attendre qu'une *action* vienne bouleverser la disposition des éléments de la situation embarrassante : quelle action faut-il entreprendre pour remodeler l'état de fait déploré et parvenir à un état de fait acceptable ?

Un exemple éclairera ces propos. La procréation pour autrui existait déjà dans certaines sociétés dès avant les techniques de reproduction in vitro (*Gn* 16 : 1-2 ; 30 : 1-3, 10). La maxime « *ventrem locare* » avait cours chez les Romains et Plutarque rapporte que Hortensius, ami de Caton, souhaitait avoir un enfant de Marcia, épouse de son ami (*Vie de Caton le jeune*, 25 : 9-12). Mais le recours à ces techniques sans précédents, l'éclairage nouveau que peuvent leur donner les dispositifs législatifs et les orientations politiques, la divergence des considérations idéologiques (pour ou contre l'homoparentalité), voire les débats sur les procédures de prise en charge économique de ces techniques, font de la gestation pour autrui un cas moral inédit.

Le cas moral fait l'objet d'une description

La compréhension complète d'un cas moral exigerait qu'une définition de chaque cas soit possible. En effet, la définition donne soit l'essence ou le caractère qui identifie précisément et exactement l'être défini, soit le mode opératoire qui permet de le produire[1]. Mais le cas ne peut faire, au mieux, que l'objet d'une description.

La description est moins parfaite que la définition qui donne l'essence. La définition la plus exacte explique la nature d'une chose par ses attributs essentiels ; elle est parfaite lorsqu'elle satisfait aux trois caractères d'universalité, de propriété et de clarté[2]. Une définition est *universelle* lorsqu'elle comprend tout le défini ; elle est *propre* lorsqu'elle ne convient qu'au défini ; elle sert à donner une idée *claire et distincte* de la chose définie lorsqu'elle en fait comprendre la nature. Or, à ce triple égard, il est habituellement reproché à la description de s'en tenir à l'accidentel, au temporel et de ne pouvoir être exacte. La description ne donne pas les caractères essentiels d'une chose ni les caractères propres à cette chose. Inscrite

1. G.-G. Granger, *Philosophie, langage, science*, Les Ulis, EDP sciences, 2003, p. 195.
2. *Cf.* A. Arnauld et P. Nicole, *La Logique ou l'Art de penser*, Paris, Vrin, 1981, II, 16, p. 165-166.

dans la narration, elle offre le caractère de la contingence. La description n'atteint pas ce qu'une chose a de spécifique et qui la range dans une collection d'objets semblables. Mais – et précisément pour cette même raison – l'abbé Mallet[1] la conçoit comme l'appréhension la plus appropriée du singulier : au sein de chaque espèce, elle trouve les individus selon les différences de temps et de lieu qui les isolent. Bien qu'elle manque l'essence qui les réunit, elle trouve les différences accidentelles qui distinguent chacun des individus de la même espèce. De plus, alors que la définition, parce qu'elle donne l'essence de la chose, se rapporte à l'éternel d'une notion et au simultané d'un phénomène, la description donne les caractères temporels et successifs de la chose décrite. Ce qui explique la confusion entre la *description* et le *tableau* – l'*ekphrasis* antique. Par ailleurs, la description serait inexacte : elle ne saurait restituer la nature de l'objet. Enfin, la définition serait le fruit de la raison tandis que la description serait le fruit de l'imagination créatrice et des facultés du goût[2]. De là le souhait de Ponge de combiner les deux démarches : l'une, la définition, allant vers la rigueur conceptuelle, l'autre, la description, allant vers l'individualité à la rencontre de sa corporéité[3].

La question est alors de déterminer *comment* décrire un cas moral, et comment s'assurer que la description est suffisamment *complète* pour prétendre l'avoir identifié. Tout le souci des confesseurs catholiques examinant le cas qui leur était soumis était d'amener le pénitent à *bien dire*, à prononcer

1. P. Hamon, *La description littéraire. Anthologie de textes théoriques et critiques*, Paris, Macula, 1991, p. 206.

2. *Cf.* M. Beauzée, *Encyclopédie méthodique*, dans P. Hamon, *La description littéraire*, *op. cit.*, p. 211.

3. *Cf.* F. Ponge, *Le Grand Recueil. Méthodes*, dans P. Hamon, *La description littéraire*, *op. cit.*, p. 182.

exactement et fidèlement la faute dont il devait s'accuser. Ainsi l'interrogatoire mené en confession, selon François de Sales, va-t-il du général (le *genre* du péché) au singulier (il s'agit de *particulariser* la faute en en donnant l'*espèce* et le *nombre*), de l'extérieur à l'intérieur (de l'acte à l'intention, qu'elle ait été ou non suivie d'un acte), de la faute personnellement commise à la faute provoquée chez autrui[1]. Toutes les conditions de la confession, personnelles et matérielles, devaient converger vers la réalisation d'un seul et même but : faciliter un aveu aussi pénible à faire que coûteux par ses conséquences (les *pénitences*).

Le cas moral est une construction

Le cas moral ne se pose pas de lui-même. Il n'existe que pour un sujet ou pour un groupe de sujets qui confrontent leur conviction à des faits ou à des événements – que ces sujets soient engagés en tant qu'acteurs et parties prenantes dans ces faits, ou qu'ils soient amenés, en tant qu'experts, à se prononcer sur leur valeur morale – comme pouvaient le faire les confesseurs et les théologiens moralistes.

La description du cas suppose une situation d'interaction dans laquelle le destinateur et le destinataire savent de quoi il en retourne, quoique celui qui décrive en sache un peu plus que son destinataire, ou quoiqu'il propose une autre vision de la situation que celle que tous deux pouvaient d'abord partager. La description du cas est donc une situation éminemment *pragmatique*.

Ce point de vue des sujets engagés dans la situation et à propos de leur propre situation est ce que l'ethnométhodologie

---

1. François de Sales, *La science des Ecclesiastiques…*, Lyon, Antoine Cellier, 1668, p. 348-353.

nomme *accountability*. Les sujets pris dans la situation ne sont pas dépourvus de toute connaissance sur elle : ils peuvent tenir à son sujet un discours qui, en retour, constitue la situation *comme elle est*. L'action sociale et son *accountability* vont alors de pair : la situation tend à se constituer en situation descriptible[1] ; l'action sociale est la « descriptibilité » *(accountability)* de cette situation. De la sorte, *décrire* et *produire* la situation sont deux aspects symétriques d'une même activité : constituer une situation, c'est aussi être en mesure de la décrire ; décrire la situation, c'est la constituer comme *cette situation*.

Appliqué au cas moral cela signifiera que le cas moral est la production d'énoncés. Les descriptions proposées par les personnes engagées dans le cas ne peuvent pas fidèlement rapporter l'action qui est en cours. Ces personnes conçoivent leur description du cas comme le reflet de celui-ci, alors que la situation décrite est en réalité constituée par leur description. Ils font ce qu'ils sont en train de décrire.

Conclusion

Le cas moral n'est ni un cas de conscience, ni un embarras personnel, ni un dilemme, ni une ambiguïté, ni une exception. Et pourtant il participe bien de chacune de ces notions : il est identifié, voire construit et élaboré par un sujet ; il pose une ou plusieurs alternatives qui ouvrent sur diverses valeurs, normes et principes ; il ne présente pas de solutions évidentes ; aucun précédent ne peut ni rendre compte de sa composition exacte

---

1. H. Garfinkel, *Studies in ethnomethodology*, Englewood Cliffs (New-Jersey), Prentice-Hall, 1967, trad. fr. *Recherches en ethnométhodologie*, M. Barthélémy, B. Dupret, J.-M. de Queiroz, et L. Quéré, Paris, P. U. F., 2007, p. 95.

ni jeter un éclairage sur les voies possibles menant à sa résolution.

MÉTHODOLOGIES

Comment le cas moral a-t-il été traité au cours des âges? La principale méthode de traitement des cas, mais non la seule, est la casuistique dont les premiers efforts se trouvent dans l'Antiquité. C'est assez dire que la confusion souvent faite entre casuistique et cas de conscience est aussi rapide qu'expéditive. Les innovations en matière de recherche médicale ont sans conteste promu un nouvel âge d'or: la publication du livre de A. R. Jonsen et S. E. Toulmin, *The Abuse of Casuistry* (1988), marque l'essor d'une «nouvelle casuistique». Toutefois d'autres modèles ont été proposés pour identifier, traiter et résoudre les cas moraux – parmi lesquels le principisme présenté comme le courant adverse du raisonnement par cas.

La casuistique dans l'Occident anté-chrétien

La casuistique est très antérieure à la théologie morale chrétienne; elle dépasse les frontières de la religion et *a fortiori* de la religion chrétienne: dans le judaïsme comme dans l'islam, les cas abondent. La production de cas se trouve chez Platon: faut-il dénoncer son père responsable de la mort d'un esclave? (*Euth.*, 3e-4e); faut-il restituer l'arme au dépositaire qui a perdu la raison (*Rép.* I, 331c)? Les tragédies antiques en regorgent: Eschyle, *Agamemnon*; Sophocle, *Antigone*; Euripide, *Médée*. L'ère de la plus grande ère de prospérité pour le cas moral, avant le christianisme, est celle du *stoïcisme*.

Le *Traité des devoirs* de Cicéron comprend, au troisième livre, un ensemble de cas traités par le stoïcien Panétius (II, XVII, 60; III, II, 7). Ecrire un traité des *Devoirs*, c'est se lancer dans une tâche de casuiste puisque le devoir et son exécution dépendent, pour ce qui concerne la *morale moyenne* des stoïciens, de la qualité de celui qui en est le sujet. Les devoirs ont un *ordre* d'importance ; ils n'engagent pas chacun de la même manière. L'échelle des devoirs doit nous faire préférer les dieux d'abord, puis la patrie, les parents, et par degrés les autres hommes (I, XLV, 160)[1]. Il s'ensuit un *calcul* des devoirs selon les circonstances, leur utilité réelle et leur utilité escomptée, les bénéficiaires de ces devoirs, du moins quand ils sont en concurrence (I, XVIII, 59). Parmi les devoirs en concurrence, un *calcul* des obligations pourra nous engager à adopter celle qui nous nuit le moins (ainsi s'il faut toujours tenir sa promesse, I, X, 32). Mais ce calcul n'est pas ployable à merci, au gré des intérêts particuliers : il lui faut se plier aux exigences de la justice et de la conformité avec soi (I, XXXIV, 125). Le calcul doit parvenir à mettre en accord les deux grands principes de la conduite, l'utile et l'honnête, qui ne peuvent jamais faire qu'un, quand la pluralité des devoirs en présence peut laisser croire à une discordance. Ainsi on peut tuer son ami s'il est un tyran : « (…) cet acte est honnête, parce qu'il est utile » (III, IV, 19)[2].

A ce calcul des devoirs doit être jointe la considération des *règles* de l'action, puisqu'il est du propre de l'homme de pouvoir prévoir les conséquences de ses actes (I, IV, 11). Cicéron recense trois règles : *soumettre* les inclinations à la raison, condition de l'observation des devoirs ; *déterminer* l'importance de l'acte ; *tenir* son rang (I, XXXIX, 141). Enfin, les devoirs changent selon l'âge : le travail est une vertu pour les

---

1. *Les Stoïciens*, Textes traduits par E. Bréhier, P.-M. Schuhl (dir.), Paris, Gallimard, 1962. Les chiffres romains désignent le livre, puis les divisions opérées dans cette édition.

2. *Ibid.*, p. 592.

jeunes; l'effort corporel doit être moindre pour le vieillard (I, XXXIV, 122-123).

Le devoir doit suivre la diversité des *circonstances*. C'est le propre du devoir que de s'inscrire dans les circonstances. Les devoirs n'ont pas de valeur dans l'absolu, et les circonstances peuvent inverser leur ordre de priorité (I, X, 31). Telle pourrait être la restitution d'un dépôt, si l'ami devient fou ou si le dépositaire prend les armes contre la patrie (III, XXV, 95). La valeur morale des actes n'est pas immuable. Accomplir son devoir, c'est viser, par delà l'obligation stricte, la fin ultime pour laquelle les devoirs ont été institués. Pour la promesse à tenir, il faut tenir compte de la justice dont les deux principes sont : ne pas nuire; servir l'intérêt commun (I, X, 31). Ainsi, la promesse faite par Neptune d'accomplir le vœu de Thésée ne lui faisait pas un devoir de tuer Hippolyte (I, X, 32).

L'art de saisir l'opportunité est nommée tantôt la prudence (II, IX, 33) tantôt la modération (*eutaxia*). Cette dernière permet la juste appréciation des circonstances du devoir (I, XL, 142). Les circonstances n'amoindrissent pas la portée de tous les devoirs. D'une part elles adaptent les principes, mais sans les faire ployer : nul ne peut en appeler aux circonstances pour s'exempter des devoirs – les principes de la justice de la conduite y veillent. Il y a des devoirs sur lesquels nulle circonstance ne prévaut. L'intérêt supérieur doit être préféré; particulièrement quand il en va de la guerre. Et Cicéron de rappeler l'exemple de Regulus : tenant sa promesse, il revint à Carthage où il était prisonnier, après avoir défendu devant le Sénat l'opinion qu'il ne fallait pas rendre les otages carthaginois détenus à Rome (I, XIII, 39). Ainsi le devoir peut même imposer de choisir la mort certaine quand il en va du salut de la patrie. D'autre part, les circonstances ne peuvent pas *varier* à l'infini. Cicéron récuse comme illusoire la multiplication des cas imaginés par Posidonius (I, XLV, 159). La valeur morale des vertus dépend, elle aussi, des circonstances. En général condamnable (II, XVII, 60), la magnificence peut être approuvée : Marcus Seius ne commet aucune faute en distribuant une mesure de blé pour un as au peuple, mettant ainsi fin à une longue haine (II, XVII, 58).

Le troisième livre du traité des *Devoirs* est émaillé par une série de questions casuistiques empruntées les unes à Panétius, les autres à Hécaton. Toutes ces questions sont résolues, avec des développements de longueur et d'importance inégales, dans le sens de la conciliation de l'honnête et de l'utile. Il est possible de distinguer trois sortes de questions : les situations *réelles* puisées dans l'histoire romaine, avec cette variante de situations hypothétiques élaborées par la modulation de conditions réelles ; les situations *fictives* débattues entre philosophes stoïciens ; les situations fictives *ad hoc* à faible degré de plausibilité dont certaines citent la mythologie. Les deux dernières sortes de situations se distinguent par un caractère intrinsèque (un inégal degré de probabilité) et par un caractère extrinsèque (l'intention de véracité) qui fait des dernières des « questions ».

Parmi les *premières questions casuistiques*, figurent soit des anecdotes, soit des situations hypothétiques réélaborant des conditions réelles. Parmi les situations puisées dans l'histoire romaine : la vente de la maison de Pythius au chevalier romain Canius (III, XIV, 58-60) permet de faire référence à l'introduction récente de la notion de « dol » dans le droit romain. Plus retorse : la vente par M. Marianus Gratidianus à C. Sergius Orata d'une maison qui a une servitude qu'il ne lui a pas déclarée. Est-elle juste ou est-elle entachée de faute, sachant que Gratidianus avait achetée à Orata cette même maison autrefois (III, XVI, 67) ? Ces questions sont clairement enracinées dans les pratiques sociales.

La *seconde catégorie* produit des questions fictives qui ont été l'objet de controverses entre les maîtres stoïciens, Diogène de Babylone et Antipater son disciple. Un marchand de blé qui se rend à Rhodes alors dans la pénurie dira-t-il qu'il a vu d'autres bateaux pareillement chargés se diriger vers l'île, au risque de devoir rabattre son prix de vente? (III, XII, 50-III, XIII, 57). Le sage emploiera-t-il la fausse monnaie qu'il vient de recevoir à son insu pour rembourser une dette? Celui qui vend du vin passé doit-il le dire à son client (III, XXIII, 91)?

La *dernière catégorie* regroupe des questions fictives. Certaines s'interrogent sur le comportement du sage dans les circonstances où sa sagesse est mise à l'épreuve: affamé, soustraira-t-il sa nourriture? Frigorifié, volera-t-il des vêtements? Les circonstances éclairent diversement la question: le volé est tantôt un inutile tantôt un tyran (III, VI, 29). Cicéron reproduit les «questions» d'Hécaton: l'homme de bien doit-il laisser sans nourriture ses esclaves quand la nourriture est trop chère? Que faut-il de préférence jeter à la mer: des chevaux de prix ou des esclaves? Le sage arrachera-t-il la planche de salut à l'insensé après un naufrage? Les questions sollicitent les références mythologiques: Le Soleil devait-il tenir sa promesse à Phaeton? De même Neptune envers Thésée, Agamemnon envers Diane[1].

De cet effort casuistique, on retiendra tout d'abord que le cas moral est aussi bien réel que fictif: le cas est avant tout un cas construit, qu'il puise les faits dans les pratiques quotidiennes ou qu'il les emprunte à des récits mythologiques. Le cas, de plus, est présenté dans un *récit* à tel point qu'il s'affranchit parfois des cadres moraux pour devenir une histoire autonome. Autre caractéristique, le cas moral met en tension

---

1. *Traité des devoirs*, *op. cit*, III, XXIII, 89-III, XXVI, 98.

des éléments empruntés au réel, ou au *réel du récit*, en les
rapportant à des valeurs (l'honnête, l'utile). Enfin la solution,
quand elle est proposée, consiste à reprendre les circonstances,
à les relire en fonction de l'une ou l'autre valeur retenue, et à
les relier les unes aux autres conformément à cette valeur de
sorte qu'elles prennent désormais un autre sens.

Le stoïcisme de Cicéron exposait les principes de la morale
stoïcienne; la pratique casuistique leur apportait une lumière
nouvelle et elle appréciait le poids de chacun dans les situations abordées. Le conseiller de Néron, Sénèque, n'expose que
rarement les principes spéculatifs. Son stoïcisme, lit-on
parfois, se résumerait à une casuistique. Il est vrai que tout doit
se rapporter à la morale (*L.* 89 : 18)[1]. Il est bien difficile de
démêler chez Sénèque le directeur de conscience du casuiste.
Certains passages de ses traités sont plus explicitement
réservés à l'examen de cas et à la proposition de solutions
(notamment les livres V et VI du *Traité des Bienfaits*). S'il
rencontre au fil de la plume des cas moraux, et s'il ne manque
pas d'envisager des solutions, cette pratique est cependant
réfléchie. Elle repose sur des fondements puisés à la morale
stoïcienne, et sur la distinction des *dogmes* et des *préceptes*
(*L.* 94 et 95).

L'exercice de la casuistique chez Sénèque s'appuie sur les
principes suivants : l'application de la vertu unique aux

---

1. « Lucilius, mon excellent ami, lis ces choses, je ne te le défends pas, à
condition que tout ce que tu y cueilleras soit rapporté à la morale : discipline tes
mœurs; réveille en toi ce qui languit, raffermis ce qui s'est relâché, dompte ce
qui se rebelle, fais une guerre sans merci à tes passions et aux passions publi-
ques », Sénèque, *Entretiens. Lettres à Lucilius*, Édition établie par P. Veyne,
Paris, Les Belles Lettres-Robert Laffont, Paris, 1993, p. 900. Nous noterons
dorénavant *L.* pour *Lettres à Lucilius*, suivi du numéro de paragraphe donné
dans cette édition, puis, si nécessaire, de la page.

circonstances diverses; l'indifférence des circonstances à la qualité morale de l'action; l'existence de choses indifférentes entre lesquelles il est permis de choisir les préférables. Au cours d'un entretien de Sénèque avec Claranus (*L.* 66), les biens, cependant égaux, sont répartis en trois classes: les premiers désirables en eux- mêmes (la joie, la paix, le salut de la patrie); les seconds désirables par nécessité (la patience, l'égalité d'âme dans les maladies); les troisièmes sont des convenables. Les seconds de ces biens semblent mettre l'âme à l'épreuve alors que les premiers représentent le terme de la recherche de l'âme – ce pourquoi les tendances ne se rapportent pas également à chacune de ces deux espèces. Les troisièmes sont des manifestations extérieures de l'âme qui s'est acquittée des autres devoirs.

Pour résoudre cette difficulté (des biens égaux mais de trois sortes), Sénèque expose la nature du bien par excellence. La vertu est l'âme qui estime les choses à leur valeur, communique avec l'univers, et donc participe d'elle-même au destin, qui se contrôle et qui demeure constante dans l'adversité du sort. Il apparaît que l'âme du sage est une âme qui s'est dilatée aux dimensions du Tout, qui est pénétrée des lois de la nécessité du Tout à laquelle elle acquiesce. Or si la vertu est une, elle est diverse par les spécifications qu'imposent les circonstances; cette diversité ne l'empêche pas d'être tout entière elle-même dans chacune de ces circonstances. La règle de l'action vertueuse est la même partout et toujours, et elle est donnée par la raison qui participe à la vie du Tout.

La casuistique aura donc pour but de retrouver pour chaque circonstance le devoir conforme à la tendance vertueuse, le devoir qui exprimera exactement ce qu'est la vertu pour *cette* circonstance. La casuistique retrouvera la norme du Tout dans chaque circonstance[1]. Sénèque recommandera de tenir ensemble l'acte, l'élan et l'à-propos dans l'action morale : ruiner cette harmonie, ce n'est pas agir moralement. La casuistique apparaît ici comme un *moment* de la vie morale, la connaissance du « joint des occasions » (*L.* 89, 15).

La casuistique a bel et bien une place chez Sénèque ; elle n'est pas pour autant le tout de la morale. Elle apparaît au clivage entre le Destin, strictement entendu comme enchaîne-ment rigoureux et nécessaire des faits, et les faits eux-mêmes lorsqu'ils sont séparés de cet enchaînement par une vue lacunaire – qu'elle révèle l'ignorance de l'insensé ou qu'elle marque la surprise du progressant. La casuistique est au clivage de la consultation de la raison et de la considération des fins de la nature, au clivage de la rectitude de la forme du vouloir et la matière des faits sur laquelle porte ce vouloir. La considéra-tion du Destin par la rectitude du vouloir, c'est-à-dire la vertu, éliminerait le projet casuistique. Mais la vertu se réfracte dans les faits qui ne peuvent pas toujours être aperçus dans la chaîne fatale qui les noue les uns aux autres : les hommes, les *pro-ficientes*, ne peuvent apercevoir ces faits que par leur contenu matériel, et non par leur finalité naturelle. Les faits prennent alors une épaisseur et une consistance qu'ils n'ont pas pour le sage : la vertu consiste, en effet, dans l'orientation de la volonté vers la totalité des faits. Sénèque donne en exemple des circonstances qui, dans une vie, n'ont pas de valeur morale intrinsèque : la maladie, la souffrance, la pauvreté, l'exil (*L.* 82, 10) ; des charges ou des missions (*L.* 118, 11). « Ce sont choses neutres ; tout revient à savoir si c'est le vice ou si c'est la

---

1. V. Goldschmidt, *Le système stoïcien et l'idée de temps*, Paris, Vrin, 1989, p. 156.

vertu qui les a touchées »[1]. Le sage accompli n'a que faire de la casuistique. La casuistique cesserait d'être un moment de l'activité morale si, à chaque fois, l'homme rapportait son acte à sa fin – à savoir : l'ordre naturel (*L.* 118, 12).

Un exemple de question casuistique est proposé dans *L.* 70 : l'attitude du *sage* face au suicide. Il ne faut pas toujours chercher à retenir la vie ; l'important n'est pas de vivre mais de vivre bien. Le suicide ne doit ni être cherché ni être fui. Chacun peut disposer de soi : la nature même autorise cette latitude de l'homme (70, 14). Les circonstances décideront de la conduite à suivre moins selon son *opportunité* que selon sa *valeur*. Les circonstances feront pencher la balance (70, 11). S'il peut parfois la devancer, le sage ne courra pas au-devant de la mort (70, 8). Ce serait *folie* que de donner la main au bourreau ; il sera sage d'attendre, de temporiser et de laisser à autrui le pouvoir, mais non l'autorité qui incombe à Dieu seul, de donner la mort. Le choix de la vie s'appuie sur le principe de la *constance* : le sage ne choisira pas la mort aussi longtemps qu'il peut être lui-même et qu'il peut demeurer dans la sagesse. Ainsi fait Socrate : il n'anticipe pas l'inéluctable parce que son sort présent lui permet d'exercer sa sagesse. Il n'est pas sage de vivre ; vivre une vie sage est la condition qui fera préférer de vivre. Si Socrate le sage fit bien d'attendre la mort, l'insensé Drusus Libo (70, 10) eut raison de l'anticiper : sa vie n'aurait été en rien meilleure.

Des exemples de suicides soulignent la facilité du mourir : diversité des *moyens* (le morceau de bois qui supporte l'éponge de propreté ; la roue d'un chariot ; la lance qui devait servir au combat ; une muraille) ; abondance des *occasions* (latrines ; le transport au supplice ; les naumachies ; une corvée dégradante

---

1. Sénèque, *L.*, 82, 12, *op. cit.*, p. 844.

– pour cette dernière 77, 14). Tout s'équivaut qui conduit à la mort toujours certaine (70, 27) : les moyens de se tuer ont tous la même dignité.

Sénèque traite une situation typique dont il varie, à la manière d'un physicien, les différents facteurs qui infléchissent la solution dans un sens ou dans un autre. Le rappel des préceptes qui donnent les constantes de l'expérience mentale de préparation au bien mourir se colorent selon les circonstances présentées comme pertinentes. De ce fait naît une autre manière de catalogue que celle de Cicéron : Cicéron procédait par recensement de cas différents ; Sénèque modifie le poids des circonstances. Cicéron choisit l'énumération et la juxtaposition dans un tableau à entrées en nombre potentiellement infini ; Sénèque préfère un tableau à entrées finies, caractérisé par des constantes et par des variables. Malgré ces différences, subsiste au principe la même méthode de résolution casuistique : la comparaison d'une situation typique à une situation difficile, réelle et singulière, afin de trouver dans la première le principe de résolution de la seconde.

La casuistique classique

La résolution des cas dans la casuistique catholique n'a jamais été modélisée. Il ne se trouve aucune entrée « Cas » dans les dictionnaires de cas de conscience ni dans les recueils de cas. Tout au plus trouvera-t-on dans ces ouvrages une rubrique : « Cas réservé ». De même les cours imprimés de théologie morale ne présentent jamais de méthode de résolution des cas. Le Texte 1 présenté et commenté ci-après fait figure d'exception dans une littérature entièrement tournée vers les exigences du confessionnal et moins portée sur les principes et l'élaboration d'une méthode systématique.

Parmi les rares tentatives de définir le cas et d'expliciter une procédure, on trouve un curieux échec. De 1759 à 1764, le *Journal chrétien dédié à la Reine* développe une « Méthode pour décider les Cas de conscience ». Son directeur, l'abbé Joannet, introduit le premier l'idée d'une méthode capable de résoudre les cas de conscience. Pourtant à la lecture de ces chroniques, il apparaît que l'auteur manque à sa tâche et que le cas moral n'est jamais pour lui que l'occasion d'illustrer une norme ou un principe par un exemple. Le lecteur ne trouvera là rien de plus ni rien de différent que ce qu'il pouvait trouver dans les ouvrages à l'usage des confesseurs.

Vue dans son histoire moderne, la casuistique naît dans l'Occident chrétien avec l'obligation de la confession catholique, d'abord publique, puis elle connait un essor considérable avec l'obligation faite par le concile du Latran IV (1215) de se confesser chaque année, avant Pâques, auprès d'un prêtre – de manière secrète (la confession auriculaire). Les premiers ouvrages traitant de cas moraux étaient les pénitentiels. Ils recensent l'ensemble des fautes pour lesquelles des compensations devaient être apportées, les unes consistant en jours de jeûne, les autres en amendes pécuniaires.

Considérée en elle-même, la casuistique est définie tour à tour comme une méthode, comme une science, comme un art ou une technique, ou encore comme une taxinomie des cas de conscience. Il n'en va pas seulement d'une question de terminologie, mais aussi de *statut*. Ainsi, si la casuistique est une *classification* des cas de conscience, ceux-ci lui préexistent : elle ne les fait pas ; elle s'efforce de les résoudre. Si la casuistique est une *méthode*, elle ne dispose pas d'une autonomie et elle ne s'exerce pas dans un domaine particulier d'action. Baudin définit la casuistique comme : « (…) une méthode naturelle de solution des cas de conscience en tous les ordres »[1], ce qui étend le champ de la casuistique à bien des domaines. Il en infère l'existence d'une casuistique pratique, certes, mais aussi de casuistiques plurielles : eudémonique, disciplinaire, casuistique sociale et politique, scientifique même, grammaticale et juridique[2]. La casuistique serait alors une méthode de compréhension des cas singuliers et d'application de lois générales à des cas singuliers. Elle peut même se ramener à une *technique* de traitement de cas qui finira par retirer tout esprit à la loi qu'elle a la charge de faire appliquer. Cette conséquence a valu à la casuistique la fâcheuse réputation de tomber, en morale, dans un pur *légalisme* : elle inciterait à suivre à la lettre les indications de la loi alors que ferait défaut l'esprit, qui pourtant en fait seul la valeur morale. Davantage : si elle est une méthode, la casuistique sera subordonnée à un domaine d'action pour lequel elle doit trouver les moyens de l'application des lois générales à la diversité des cas particuliers. Si bien qu'entendue au sens large du mot, la casuistique s'étendrait à tout domaine de l'action puisque toute action s'inscrit dans un ensemble de circonstances qui ne sont jamais prévisibles ni immuables. La méthode casuistique est souvent présentée comme propre au moment de l'application dans certains arts comme la médecine, la stratégie militaire, le *management*, ou dans l'exercice de certains métiers comme le Droit.

Entendu comme *méthode*, en un sens plus étroit et qui ne regarde plus que le domaine moral, la casuistique désigne la démarche naturelle de l'esprit quand il va de la connaissance

1. É. Baudin, *Etudes historiques et critiques sur la philosophie de Pascal*, t. III, *Sa critique de la casuistique et du probabilisme moral*, Boudry, Neuchâtel, Éditions de la Baconnière, 1947, p. 18.

2. *Ibid.*, p. 17-18.

du général à l'application de cette connaissance au particulier, et plus spécialement la démarche spontanée de l'esprit quand il effectue cette même inférence en matière de morale. La *casuistique naturelle* est l'application pratique des notions morales supposées communes à tous les hommes. Cette casuistique naturelle est estimée insuffisante par les catholiques et impossible par les protestants. Les derniers pensent que la nature humaine, radicalement corrompue depuis le péché originel, ne peut, par ses seules forces, trouver les moyens de son salut. Les premiers trouvent dans l'Ecriture la justification d'un salut par le recours à autrui. Ils se défient des thèses qui aspirent à s'affranchir de la tutelle de l'Eglise et qui, pour cela, accordent trop au pouvoir de la raison naturelle et des intuitions de la conscience. Si la conscience peut retrouver la voie divine pour agir avec justesse dans les circonstances singulières, elle ne suffit pas. La *casuistique scientifique* par opposition à une casuistique naturelle s'appuie sur des textes doctrinaux; elle applique les conclusions de la science théologique à la résolution des cas de conscience. Ainsi la casuistique scientifique est une science d'application des règles morales reconnues par la théologie morale aux cas particuliers. Il s'ensuit, quant à son statut, que la casuistique est dépendante des conclusions des diverses branches de la théologie morale (morale apologétique, morale surnaturelle positive, théologie morale spéculative), que ses propres conclusions n'ont de valeur que pour autant qu'elles sont conformes à la loi éternelle, qu'elle ne saurait prétendre être autonome.

Dans la tâche de la résolution des cas de conscience, la casuistique classique est une *technique*. Pour les cas *les plus simples*, trois étapes ponctuent l'effort de résolution. La casuistique commence d'abord par l'analyse des données de fait et de droit dont sont composés les cas de conscience, puis vient la recherche du principe sous lequel se rangerait le cas en

question, et enfin l'examen des circonstances particulières qui
pourraient faire varier la nature du cas et des obligations[1].
Lorsque le cas procède de la concurrence de plusieurs devoirs,
la casuistique tranche entre eux par la référence à une même
table des valeurs. Les opérations sont effectuées soit avec les
seules lumières de la personne à qui le cas se pose, soit à l'aide
des lumières de toute personne consultée, soit même par
l'intermédiaire de livres. A chacune de ces étapes correspon-
drait une capacité intellectuelle particulière : le *coup d'œil* pour
retrouver les circonstances qui font d'un fait un cas de
conscience – ce qui ne va pas de soi car il s'agit d'écarter du fait
les éléments qui n'importent en rien à la constitution de la
difficulté ou à sa résolution ; la *perspicacité* qui saura découvrir le principe sous lequel ramener la difficulté rencontrée ; la
sagacité qui sait ne retenir des circonstances entrant dans le fait
que celles qui sont susceptibles de faire varier l'importance
comme la nature normative éthique de la difficulté. Mais les
cas *les plus complexes* peuvent être subsumés sous plusieurs
principes, sans que puisse être tranché en toute certitude
lequel est le plus sûr (*tutiorisme*), ou lequel est le plus probable
(*probabilisme*). Ces raisons probables sont de deux sortes
selon qu'elles proviennent des seules lumières de la personne
(probabilités intrinsèques) ou qu'elles viennent de l'extérieur,
par la voie des autorités ou des conseils (probabilités
extrinsèques).

La casuistique est identifiée à une *jurisprudence
morale* dans laquelle se retrouvent les trois moments de toute
jurisprudence : interprétation rationnelle des textes, analyse
rationnelle des cas et des principes, utilisation rationnelle des

---

1. É. Baudin, *Etudes historiques et critiques sur la philosophie de Pascal*,
op. cit., p. 97.

probabilités [1]. Il s'agit en effet de se ranger derrière des raisons qui ne présentent que rarement les caractères de l'évidence. Cette identification suppose pour le moins qu'il y a toujours en droit, sinon en fait, une solution pour chaque cas de conscience – qu'elle soit prévue par les textes, qu'elle soit prévisible par l'interprétation de ces textes, qu'elle soit ultimement faite par une interprétation ou par une promulgation *ad hoc* d'un texte, d'un conseil, d'une autorité.

Trois *fonctions* principales ont été traditionnellement assignées à la casuistique. *Méthode d'enseignement*, elle apprendrait à résoudre les cas concrets. Et, spécialement, elle permet de déterminer pour une situation humaine difficile (un cas), quelle est l'obligation morale. Cela s'entend particulièrement des situations les plus complexes, celles qui posent précisément : « un cas de conscience ». Dans le cadre du sacrement de pénitence, elle a pour fonction de déterminer et de délimiter la responsabilité du sujet qui se confesse – ce pourquoi elle fut parfois nommée la *science du confessionnal*. C'est l'un des enjeux de la critique pascalienne des jésuites, suspects d'ôter toute culpabilité aux pécheurs endurcis par un jeu sur les mots (l'équivoque) ou par un jeu sur les intentions (la restriction mentale). Enfin, à partir de l'examen de situations concrètes, elle peut déterminer les normes de l'action à suivre dans des situations semblables. La casuistique a donc une fonction *prospective immédiate* en permettant de répondre à la question : « Que faire ici et maintenant dans ces circonstances singulières et inédites ? ». Il s'agit de déterminer non pas *comment* accomplir le devoir, mais d'identifier ce qui *est ici*,

1. *Ibid.*, p. 110.

hic et nunc, le devoir[1]. Elle a aussi une fonction *prospective médiate*, en rapportant la solution d'un cas passé à la situation difficile actuellement en examen, en fondant l'extension et l'application légitimes de cette solution par le recours à l'Écriture, à l'autorité doctrinale du Souverain Pontife, à l'autorité des Pères et des théologiens moralistes. Enfin elle exerce une fonction *rétrospective* d'estimation de la valeur de l'action accomplie (était-ce une faute morale ou non que d'agir ainsi?).

La casuistique classique repose sur *trois principes*. Si la casuistique naît du constat de la difficulté voire de l'impossibilité d'appliquer des lois générales au cas singulier, le premier principe d'une casuistique consiste à affirmer la *possibilité* en droit d'appliquer ces lois générales aux cas particuliers. Le second principe consiste à affirmer la *similitude* des cas singuliers, et, ainsi, le troisième principe soutient que la solution d'un cas peut *s'étendre légitimement* à un autre cas posé, ou perçu, comme semblable, et il maintient que la satisfaction donnée dans un cas passé peut également valoir pour le cas présent. Le second principe (similitude des cas singuliers) est appuyé sur la pratique des Evangiles : ainsi pour l'observance du sabbat, la réponse de Paul (*Col* 2 : 16) peut s'appuyer sur la pratique de Jésus (*Mt* 12 : 2-8; *Lc* 14 : 1-6; *Mc* 2 : 25-27). Or nulle situation ne peut être identique à une autre, ne serait-ce que numériquement : les acteurs, les motifs, les conditions culturelles ne sont jamais les mêmes ni spécifiquement ni numériquement. Et comme les situations diffèrent toujours, il ne semble pas possible d'appliquer la même solution à deux

---

1. J. Vialatoux, « Réflexions sur les idées de casuistique et de loi morale », dans *Mémorial J. Chaine*, Lyon, Facultés catholiques, 1950, p. 374.

cas : le troisième principe de la casuistique semble être pris en défaut.

Ces trois principes ne manquent donc pas de poser quelques difficultés. Le premier principe reste à l'état de programme aussi longtemps que n'ont pas été précisées les procédures par lesquelles les prescriptions générales trouvent effectivement leur application dans la diversité des circonstances. Le second principe semble enfermer une contradiction. Les circonstances forment une situation singulière et cependant il est possible d'étendre ce qui vaut pour une telle situation à une situation semblable. La singularité est à la fois reconnue et niée : elle peut en droit être résorbée dans la généralité de la loi. Le troisième principe est privé de fondement si les situations ne sont que semblables sans être identiques : la ressemblance peut ne porter que sur des aspects qui n'importent guère pour la solution du cas présent tandis que la ressemblance sur les points qui importent peut n'apparaître qu'après et qu'avec la mise en échec de l'extension de la norme prescrite pour le cas passé au cas présent.

Ces difficultés ne restent pas sans solution. L'application des lois générales aux circonstances singulières ne se fait pas par un processus spéculatif de déduction et il repose dans la philosophie chrétienne – à tout le moins dans le thomisme – sur cette conviction que la norme contient virtuellement l'ensemble des cas auxquels elle s'applique. Quant au second principe, il trouve sa solution dans la constitution de cas-types – ce que A. R. Jonsen nomme dans le Texte 2 des « cas majeurs » (*great cases*).

Le besoin de la casuistique naît de l'écart, inévitable peut-être, entre l'universalité des normes éthiques et la singularité des circonstances dans lesquelles, néanmoins, le sujet est engagé et dans lesquelles l'action doit s'inscrire pour les transformer. La casuistique serait donc nécessaire en raison de la

complexité, de la variabilité ou de la nouveauté des circonstances de l'action. Le monde que l'action morale doit transformer ou dans lequel elle doit s'inscrire est composé de
facteurs difficilement dénombrables et connaissables. Aussi,
même si les devoirs sont clairs, la nature des devoirs dans leur
application aux circonstances singulières l'est beaucoup
moins – ce qui souligne l'insuffisance de la casuistique
naturelle appuyée sur les seules lumières de la conscience et
sur les seules forces de la raison. Nulle analyse de la situation
dans laquelle ou pour laquelle se pose la question éthique :
« Que dois-je moralement faire ? » ne peut être adéquate. Il
n'existera pas de certitude métaphysique dans le domaine de
l'action. D'autant que les circonstances changent, et qu'elles
privent ainsi le sujet de toute action standardisée.

D'autre part la casuistique est nécessaire en vertu de la
difficulté de discerner *quel* devoir vaut pour tel ensemble
de circonstances. Plusieurs devoirs concurrents et, parfois,
opposés prétendent également s'appliquer ; le devoir le mieux
ajusté aux circonstances singulières doit être déterminé
(« ... *fitted to the various situations...* »[1]). Plusieurs devoirs
qui se contredisent semblent cependant valoir pour une même
situation. La casuistique s'efforce de trouver lequel doit être
appliqué. J. Vialatoux apporte plus de précision : le conflit
n'est pas entre les *devoirs* mais entre les *formules* des lois
morales[2]. En effet la loi trouvée ne saurait être en contradiction
avec elle-même : elle est une et la même. Le devoir doit seulement être ajusté aux circonstances dans lesquelles l'action
morale doit prendre place. Enfin la casuistique est nécessaire

1. A. R. Jonsen, « Casuistry », dans M. Eliade (éd.), *The Encyclopedia of
Religion*, New York, London, Macmillan, 1987, t. III, p. 112.

2. J. Vialatoux, « Réflexions sur les idées de casuistique et de loi morale »,
op. cit., p. 376.

aussi bien pour évaluer l'acte commis et la responsabilité du sujet qui en est l'auteur que pour déterminer la nature du devoir pour *tel* sujet, dans le cas difficile où il se trouve engagé. La pratique de la confession réclame l'examen des circonstances d'un acte avoué; la parénèse requiert l'examen des circonstances et des dispositions du sujet pour déterminer le devoir à accomplir et le lui recommander.

On sait comment Pascal dénoncera dans les *Provinciales* une casuistique entièrement vouée à décharger les pécheurs de leur responsabilité, et exclusivement chargée d'ôter le crime aux pires actions.

Les nouveaux casuistes

Sans conteste, la casuistique a connu un nouvel essor avec l'émergence de ce qui s'est appelé la « bioéthique ». Participant aux travaux qui aboutiront au Rapport Belmont, S. E. Toulmin et A. R. Jonsen découvrent que la divergence des principes, et l'opposition des valeurs revendiquées par chacun des membres de la commission où ils siégeaient, n'empêchaient pas de parvenir à un accord. La discorde revenait au moment où chacun entendait défendre par des *arguments* la décision commune. Ils en concluent que le modèle déductif qui part de principes généraux pour les appliquer au cas particulier n'est pas pertinent dans le domaine de l'action. En revanche, il serait possible, et cela serait même plus judicieux, de dégager dans chaque cas les traits distinctifs (*morphologie*) capables de l'identifier mais aussi de le ranger dans une famille de cas avec lequel il entretient des homologies de structure (*taxinomie*), non sans devoir réviser le cas paradigmatique, le *patron* de ces cas ayant un même « air de famille », lorsque cela est nécessaire (*cinétique*). Ainsi la possibilité de changer de sexe bouleverse la donne en matière de reproduction : l'homme reste-t-il le père de ses enfants s'il décide de changer de sexe ?

L'ouvrage de A. R. Jonsen et S. E. Toulmin veut réhabiliter la méthode casuistique[1]. Deux thèses parcourent leur travail à la fois historique et spéculatif : la casuistique est inévitable (329) ; la connaissance morale porte sur des réalités singulières (14). Ils préconisent un modèle de raisonnement pratique moral qui s'inspire largement de la clinique médicale. Leurs thèses s'enracinent dans leur expérience commune de la participation de 1975 à 1978 à la commission nationale qui rédigera le Rapport Belmont. En 1974, à la suite des controverses soulevées dans la presse par le *Ruling Roe v. Wade*, qui suspectait des expériences sur des fœtus humains en Scandinavie et des expériences sur la population noire de Tuskegee (Alabama), le Congrès des U. S. A. décida de créer la *National Commission for the Protection of Human Subjects of Biomedical and Behavioral Research*. De 1975 au premier semestre de 1978, cette commission fut à l'origine d'auditions, de délibérations et de publications de compte-rendus et d'avis (16). Le but initial de la commission était de passer en revue les législations des différents Etats en matière de recherche, et notamment celle sur la protection des droits et de la santé des personnes participant aux recherches biomédicales ou comportementales. Mais la commission fut aussi saisie pour traiter de la recherche scientifique sur des sujets vulnérables (prisonniers, enfants, personnes mentalement empêchées – outre les fœtus humains) et pour développer des principes généraux pouvant servir de repères à l'avenir.

1. A. R. Jonsen, S. Toulmin, *The Abuse of Casuistry. A History of Moral Reasoning*, Berkeley and Los Angeles (California), London (England), University of California press, 1988, p. 13. Nous noterons désormais : *JT* les deux auteurs. Suivi d'un nombre, l'abréviation renvoie à la page du livre.

Les travaux des membres de la Commission les conduisirent à adopter des taxinomies morales pour classer les diverses sortes de recherche en vertu de leurs ressemblances et de leurs différences significatives sur le plan de la morale. Les recherches sur les expérimentations incluant des sujets vulnérables les amenèrent à adopter une démarche cas par cas si bien qu'ils utilisèrent une méthode casuistique, moins par conviction personnelle que par nécessité. La méthode casuistique permettait de rendre des avis communs alors que les membres de la commission provenaient d'horizons très divers. Les onze membres ne partageaient pas les mêmes intérêts et n'avaient pas reçu la même formation; la commission comptait des hommes et des femmes, des blancs et des noirs, des catholiques, des protestants, des juifs, des athées; des chercheurs en médecine, des psychologues; des philosophes, des juristes, des représentants d'associations. Au total, cinq membres étaient des scientifiques, les autres ne nourrissaient pas d'intérêt particulier pour la recherche scientifique : l'accord apparaissait peu probable aussi bien sur les principes moraux que sur leurs applications aux cas particuliers. Les lignes de division dans les votes ne suivaient pas les lignes de partage attendues. Tant que les membres s'en tenaient au niveau casuistique, ils tombaient d'accord; les désaccords se faisaient jour au moment de la justification des positions et la mise en exergue des raisons individuelles. En d'autres termes, les désaccords s'exprimaient lorsque les membres cessaient de considérer la situation en elle-même et pour elle-même. Enfin, il apparaissait que les membres pouvaient approuver les décisions de la commission, alors que les décisions rendues provenaient de principes très différents au départ. Les décisions pour les situations particulières font l'unanimité, tandis que les principes au nom desquels ces décisions sont prises divisent. L'accord ne peut pas se faire sur les principes moraux ; il se fait sur la perception partagée de ce qui compte dans la situation envisagée. La décision commune a donc été prise pour de tout autres raisons que pour des principes moraux : *elle n'est pas dérivée des principes*. La certitude des jugements pratiques ne provient pas de la *déduction* depuis des principes moraux généraux.

Les insuffisances des principes moraux pour décider des situations sont toutes rapportées d'une part à une conception particulière de la morale selon laquelle les principes forment l'essentiel et, d'autre part, à un mode de raisonnement emprunté à la science géométrique. Selon la représentation la plus courante, la morale serait un code de règles générales et de principes. Toute la morale ne serait faite que de ces règles ; la difficulté est alors de choisir entre ces codes et de déterminer en quoi ces règles sont bien des règles morales, distinctes des règles d'autres codes : universalité, valeur prescriptive, codification sont leurs traits distinctifs. Les principes du code sont tenus pour éternels, immuables, et pour les seuls possibles. Mais cette position dogmatique produit sa conception adverse : ne pouvant pas toujours s'appliquer à toutes les situations, la considération du contexte singulier apparaît comme le seul remède de sorte qu'il ne reste pas de place entre le dogmatisme et le relativisme. Les limites de cette conception sont atteintes lorsqu'il faut en venir aux applications pratiques : l'idée d'un algorithme moral, immense calcul par lequel toutes les normes individuelles éthiques pour toutes les situations humaines seraient déductibles des normes du code, n'est qu'une chimère. La simplicité même des principes les rend aveugles aux difficultés des situations singulières ; ils ne peuvent rendre compte du tragique de l'existence : ils ne sauraient être contestés dans leur généralité ; ils ne sauraient dénouer les situations les plus complexes rencontrées. Or ce sont bien ces situations qui réclameraient des principes certains et simples. S'il va de soi qu'il faut prendre soin des animaux innocents (chiots ou chats achetés), que dire à l'enfant qui revient de l'étang, le seau rempli d'œufs de grenouille ? La solution des cas difficiles ne peut être trouvée par des normes que si le *discernement* s'y ajoute, voire s'il s'y substitue. Les normes ne font pas tout, et elles ne font pas tout toutes seules.

JT proposent un modèle de raisonnement moral pratique pour la résolution des cas difficiles. Il consiste dans la subsomption d'une situation sous une catégorie de cas paradigmatiques, dont le traitement antérieur est étendu au traitement du cas nouveau. La solution sera d'autant plus satisfaisante que le rapport de ressemblance entre les deux cas sera mieux établi.

Les objets ultimes de référence dans les raisonnements pratiques sont des *cas paradigmatiques*; ils donnent les présomptions initiales pour le traitement de cas nouveaux semblables – tant que des circonstances entièrement nouvelles ne se font jour (322). Toute situation subsumée sous une seule considération morale qui s'ajuste aux circonstances ne pose alors pas de difficulté pour sa résolution : l'attitude d'un père qui roue de coups son enfant appelle, sans conteste, le jugement : « C'est mal ». Le raisonnement moral pratique ressemble fortement à un raisonnement déductif : la norme condamnant la violence subie par l'innocent s'applique à la situation sans réserves possibles. Cette sorte de situations ne saurait cependant être un cas : chaque fois qu'une démonstration déductive est possible, la situation n'est alors pas un cas; chaque fois que la situation est un cas, la démonstration ne saurait être déductive.

D'où les trois premières sortes de cas : lorsque l'incertitude plane sur l'identité du cas paradigmatique applicable pour la situation, lorsque les cas paradigmatiques ne s'appliquent aux cas que de manière équivoque, lorsque deux cas paradigmatiques ou plusieurs s'appliquent au même cas de manière contradictoire (323-324). Tant que n'a pas été trouvé le cas paradigmatique qui ressemble le mieux au cas présent, plusieurs normes et plusieurs arguments sont possibles. La difficulté n'est pas de trancher entre des raisonnements valides et des raisonnements invalides : tous ces raisonnements sont également valides ; il s'agit de trouver quel paradigme fournit la voie de résolution la plus pertinente et la plus praticable pour le cas présent. La cohérence logique ne départage pas les raisonnements en vrais ou faux ; la considération intuitive du contenu de chaque situation doit favoriser l'appel au cas le plus ressemblant. Le choix des normes sous lesquelles ranger le cas et la sélection des raisonnements par lesquels trouver la solution dépendent de jugements intuitifs (« *substantive judgments* ») (325).

Au cours de son développement, chaque culture éclaire le sens donné aux exceptions qui restreignent le champ d'application des cas paradigmatiques ; elle voit s'étendre la portée de ces paradigmes, et elle voit leur sens se préciser. Une culture acquiert l'expérience qui l'amène à reconsidérer le but, la force et la priorité relative de diverses sortes de considérations morales. Chaque époque apporte ses interprétations des catégories, des règles et des normes morales ; chaque époque trace à nouveau les lignes de partage entre le mensonge, la plaisanterie, les jeux. Si Platon conteste la feinte du poète, notre société du spectacle accepte les simulacres de l'art. Pour certaines sortes de cas, les différences d'époque en époque peuvent être plus prononcées que pour d'autres. Les difficultés morales posées par la violence, le mal physique et la véracité ont moins changé que les positions sur les problèmes propres à une classe sociale – comme la question du « point d'honneur ».

La résolution des cas éthiques nouveaux produits par des pratiques culturelles nouvelles ne peut se faire que selon le

modèle de l'argumentation pratique morale (326). La casuistique classique ne s'affrontait qu'à deux sortes de cas : ceux où la
norme ne s'appliquait qu'avec équivocité ; ceux pour lesquels
plus d'une norme prétendait s'exercer. Mais les techniques
nouvelles qui permettent, par exemple, le changement de sexe,
posent de nouveaux problèmes qui remettent en question les
types de cas hérités du passé. Les raisonnements formels et
déductifs n'apportent pas de réponses à ces questions ; leur
validité et leur nécessité proviennent de ce qu'ils ne mettent en
relation que des concepts séparés des réalités individuelles
dont ils sont abstraits. Les raisonnements pratiques n'en sont
pas moins rationnels, et ils ne sont pas moins exempts du
soupçon de préférences arbitraires que ne le sont les
diagnostics de la médecine clinique.

Les inférences des raisonnements pratiques ne peuvent
avoir qu'une valeur de présomption : leurs conclusions n'ont
de certitude qu'autant que les concepts invoqués ont de
pertinence pour traiter le cas ; les argumentations parallèles à
partir de différentes normes débouchent sur des conclusions
différentes (327-328). Les débats les plus âpres dans la culture
occidentale ont concerné la reconnaissance d'exceptions aux
normes morales. *JT* insistent sur ce point en rappelant la
querelle du probabilisme : la force du raisonnement pratique
moral tient à la ressemblance entre le cas ancien et le cas
nouveau ; l'exception ouvre une brèche dans ce jeu d'analogies ; il importe de *contrôler* cette exception. La question
fondamentale du raisonnement pratique moral est elle aussi
casuistique : comment délimiter à chaque époque, et pour
chaque nouveau type de situation produite par les nouvelles
techniques, ce qui fait exception aux normes ? Le monde moral
est un monde en évolution dans lequel l'expérience nouvelle
confirme les cas paradigmatiques anciens – mais parfois aussi
les conteste ou les prend au dépourvu (329). Le sens de la

parentalité a encore changé depuis 1988 avec, entre autres étapes, Baby M (1986), le recours à de nouvelles techniques (ICSI, 1992), l'apparition de nouveaux enjeux sociaux (homoparentalité, polyparentalité), la promulgation de nouvelles lois sur le don, la collecte et la cession d'ovocytes, variables par ailleurs selon les États – voire de nouveaux possibles (la gestation hors utérus).

Le modèle casuistique de *JT* a une origine historique et pragmatique : les auteurs proposent un modèle d'une pratique éprouvée, dont la nécessité est apparue dans des processus de décision. Ce modèle a été formé à l'occasion de questions de bioéthique et d'éthique médicale – et les auteurs affirmeront la validité de l'analogie entre le domaine médical et le domaine éthique. Enfin cette origine montre que la décision est collective, que les membres de la commission doivent décrire une situation à propos de laquelle la commission comme instance devra se prononcer. Or les auteurs ne disent rien des processus d'interaction qui conduisent à l'élaboration de la décision. Comment ne pas souligner l'affaiblissement du statut de la morale ? – A chaque époque, à chaque État, ses solutions. Ce qui fait cas aujourd'hui (par exemple la gestation pour autrui) ne l'a pas été hier (« *ventrem locare* ») et ne le sera plus demain (utérus artificiel).

L'approche des cas moraux hors la casuistique

La singularité est le point d'achoppement de tous les systèmes de morale – sauf à faire appel à une intuition. Rousseau mentionnait d'ailleurs un « instinct divin » dans l'*Émile* (*Profession de foi du Vicaire savoyard*), lequel livrerait personnellement et infailliblement à chacun le sens moral des situations qu'il traverse. La conscience toute pure serait délivrée de tous les doutes.

Le *principisme* est une procédure rationnelle pour sortir de toute situation moralement délicate rencontrée en médecine. Il est présenté comme la méthode la plus utilisée par les bioéthiciens américains en raison de son appel à des valeurs communes de préférence à des débats abstraits. Présenté comme l'école rivale de la nouvelle casuistique, le principisme est pourtant issu des mêmes débats préalables au rapport Belmont – ce que rappelle Tom Beauchamp lui-même[1]. Le principisme accorde le primat aux principes dans les étapes d'analyse et dans les processus de décision. Il existe plusieurs niveaux normatifs d'évaluation. Dans la hiérarchie des normes, quatre principes fondamentaux se détachent : le respect de l'autonomie, la non malveillance, la bienfaisance, la justice. Il existe encore des règles dérivées (« dis la vérité », « tiens tes promesses ») et diverses autres règles comme : recueillir le consentement éclairé du patient ou de la personne participant à l'expérimentation. Ainsi le principe de justice veillera à la répartition des ressources rares en matière de santé – par exemple pour la répartition des organes destinés à la transplantation, ou pour l'attribution de lits dans les unités de soins intensifs.

Parce que les principes sont généraux, il faut les *spécifier*. Parce que les principes peuvent commander des directives contraires voire antagonistes, il faut les *pondérer*.

La *spécification* veille à la détermination des contenus[2]. Elle consiste dans un ajustement qualitatif des normes aux cas,

---

1. T. L. Beauchamp, « Principlism and Its Alleged Competitors », *Kennedy Institute of Ethics Journal*, vol. 5, n°3, 1995, p. 192-193.
2. « La spécification est un processus qui réduit l'indétermination des norms abstraites et leur apporte un contenu qui guide l'action », T. L. Beauchamp, J. F. Childress, *Principles of Biomedical Ethics*, 1979, trad.

ce qui s'obtient en précisant les circonstances: qui, quoi, quand [1]. Pour T. Beauchamp, la spécification est le développement des principes et des règles par l'enrichissement progressif de leur contenu. Au terme de la spécification, les principes et les règles mieux déterminés fournissent un contenu utile pour diriger l'action [2]. L'article de J. F. Childress détaille trois phases et trois fonctions de la spécification. La spécification permet de recenser les cas qui relèvent du principe. Elle formule des règles sous la forme de directives qui s'appliqueront aux cas. La spécification permet de déterminer quel principe (ou quelle règle) s'applique le mieux dans le cas donné. De la sorte les conflits de principe sont *a priori* évités. Ainsi la directive: «ne pas mentir», tirée du principe du respect de l'autonomie, change d'application selon les circonstances. Une assertion qui apparaît comme fausse et intentionnellement trompeuse (faut-il exagérer l'état de santé du patient afin d'obtenir pour lui une meilleure couverture des assurances?), si elle est rapportée à toutes les circonstances, peut s'inverser. L'assertion peut alors apparaître comme un moyen de leurrer qui aurait un droit à la vérité. Mais la compagnie d'assurances qui couvre les frais des soins du patient a-t-elle un droit à la vérité?

La *pondération* est un processus de ré-estimation de la valeur contraignante des principes [3]. Les quatre principes ne

fr., *Les principes de l'éthique médicale*, M. Fisbach, Paris, Les Belles Lettres, 2008, p. 35. La traduction est celle de la 5e édition en date de 2001.

1. J. F. Childress, «A principle-based approach», dans H. Kuhse et P. Singer, *A Companion to Bioethics*, Malden, Oxford, Victoria, Blackwell Publishing, 2001, p. 63.

2. T. L. Beauchamp, «Principlism and Its Alleged Competitors», *op. cit.*, p. 183.

3. «(…) la pondération consiste à examiner et à évaluer le poids ou la puissance des normes. La pondération est particulièrement importante

sont contraignants que si les directives qui découlent de l'un ne contredisent pas celles qui dérivent d'un autre. En cas de conflit, une solution conforme doit être trouvée. J. F. Childress n'accorde pas aux principes une nécessité absolue et sans réserves; il ne les réduit pas davantage au rôle d'éclairage des circonstances. Les normes morales ne sont ni des recommandations, ni des contraintes absolues. Elles sont présomptivement contraignantes. Les quatre principes, et l'ensemble des règles qui en sont dérivées, se présentent d'abord comme des contraintes qui suffisent à établir la justice ou l'injustice d'un acte. A moins toutefois qu'ils ne soient surpassés par d'autres, issus eux-mêmes d'autres principes. Un acte est moralement juste et obligatoire tant qu'il peut être identifié par les caractéristiques des principes ou des règles pertinents dans le cas d'espèce[1]. En cas de discordance, il appartient à l'agent moral de justifier la différence qu'il voit entre les principes, et il lui incombe de montrer que, dans cette situation, un *autre* principe a plus de poids et de force.

La pondération est une adaptation de la notion de « devoirs *prima facie* » de W. D. Ross[2] : les principes sont toujours contraignants tant qu'ils n'entrent pas en conflit avec d'autres

---

pour parvenir à juger des situations individuelles (…) », T. L. Beauchamp, J. F. Childress, *Les principes…*, *op. cit.*, p. 39.

1. J. F. Childress, , « A principle-based approach », *op. cit.*, p. 66-67.

2. « When I am in a situation, as perhaps I always am, in which more than one of these *prima facie* duties is incumbent on me, what I have to do is to study the situation as fully as I can until I form the considered opinion (it is never more) that in the circumstances one of them is more incumbent than any other; then I am bound to think that to do this *prima facie* duty is my duty *sans phrase* in the situation », W. D. Ross, *The Right and the Good*, Oxford, Oxford University Press, 1930, p. 19.

obligations[1]. Lorsqu'un conflit entre des normes éclate, il convient soit de trouver une forme d'équilibre entre elles, soit d'affirmer la primauté de l'une sur l'autre[2].

D. C. Ainslie donne un exemple de la pondération en œuvre pour limiter les conflits de principes : des professionnels de la santé découvrent qu'un patient porteur du VIH a des relations sexuelles non protégées avec des partenaires qui ignorent sa séropositivité. Le principe de l'autonomie conduit à ne pas prévenir les partenaires (respect du secret médical) ; le principe de non-malfaisance conduit à ne pas porter atteinte aux intérêts du patient ; le principe de bienfaisance suggère aux professionnels de la santé de conseiller aux partenaires de ce patient des relations protégées ; le principe de justice incite à prévenir les autorités du danger que représente cette conduite criminelle – même si le patient n'a pas l'intention de transmettre son infection. Les deux principes qui conduisent à s'abstenir de toute intervention imposent aussi au patient d'informer ses partenaires (pour respecter leur autonomie, pour ne pas nuire à leur santé). Il s'ensuit que l'exigence morale qui impose aux professionnels de la santé de protéger les tierces parties l'emporte sur leurs devoirs *prima facie* qui les inciteraient à ne pas intervenir : il est de leur devoir de mettre en garde les partenaires, confiants et ignorants, du patient séropositif[3].

Toutefois plusieurs objections ont été adressées au principisme : le « mantra » des quatre principes dont l'applica-

1. W. D. Ross, *Foundations of ethics. The Gifford Lectures delivered in the University of Aberdeen*, 1935-36, Oxford, the Clarendon press, 1939, p. 19-36.

2. T. L. Beauchamp, « Principlism and Its Alleged Competitors », *op. cit.*, p. 183.

3. D. C. Ainslie, « Principlism », dans Post (éd.), *Encyclopedia of bioethics*, 3rd ed, New York, Macmillan Reference, 2004, t. IV, p. 2101-2102.

tion au cas singulier ne semble pas évidente; le choix même de ces principes; l'absence de tout fondement; la concurrence entre principes rivaux. Clouser et Gert reprochent au principisme l'absence de justification – notamment dans le choix des directives spécifiées[1]. D'autre part, il n'y aurait pas non plus de prévalence d'un principe sur un autre. Ce pourquoi d'autres auteurs préconisent une lexicalité des principes: certains devraient d'abord être appliqués ou respectés avant que les autres ne le soient à leur tour. Veatch place la bienfaisance après des principes déontologiques («tenir ses promesses», l'honnêteté), Engelhardt, met l'autonomie au premier rang[2].

Beauchamp et Childress ne sont pas à court d'arguments. Pour répondre, ils font appel à la notion d'*équilibre réfléchi* qu'ils empruntent à Rawls. En cas de conflits entre les règles issues de principes différents, la solution proposée doit être mise à l'épreuve soit par d'autres principes moraux, soit par d'autres cas déjà examinés. Si l'on constate un manque de justesse, les principes doivent être spécifiés ou ils doivent être pondérés d'une autre façon qu'ils l'ont été, jusqu'à ce qu'ils en viennent à créer un accord mutuel approprié à l'ensemble des données morales pertinentes. Ce qui laisse croire en une absorption du possible dans le réel: tout cas moral peut *a priori* recevoir une solution adaptée quant aux circonstances, et convenable quant aux principes justificatifs.

Ainsi la justification principiste complète du devoir qui impose aux personnels des services de santé d'informer les partenaires ignorant la séropositivité du patient devrait

---

1. K. D. Clouser and B. Gert, «A Critique of Principlism», *Journal of Medicine and Philosophy*, 15(2), 1990, p. 219-236, cité par D. C. Ainslie, *op. cit.*, p. 2102.

2. J. Childress, , «A principle-based approach», *op. cit.*, p. 68.

composer avec d'autres limites pour qu'un équilibre réfléchi puisse être envisagé : la confidentialité, les manières habituelles d'agir avec les autres maladies sexuellement transmissibles, et les droits de la vie privée en matière de sexualité [1].

Conclusion

Identifier et résoudre un cas moral suppose un équipement conceptuel (la reconnaissance de valeurs, l'inférence de normes, la déduction de principes) et méthodologique : la lexicalité des valeurs ; la spécification des normes ; la déduction de principes non seulement pour identifier le cas mais encore pour espérer le résoudre. Retenant la leçon de ces approches et de leurs faiblesses, il est peut-être possible d'ouvrir une nouvelle voie. La principale faiblesse est dans l'appel infondé à des contenus intuitifs. Leur choix relève, au pire, de l'arbitraire (les prises de décisions d'un auteur) et, au mieux, du conventionnel (les pratiques d'une société). La « nouvelle casuistique » et le principisme trouvent une même planche de salut en invoquant un *sens commun* ou une *moralité commune*. Seule une approche procédurale et formelle pourrait éviter ces faiblesses dirimantes, et donner un fondement à ce qui est en question : *l'existence d'un socle commun de moralité*.

PROPOSITIONS

Comment traiter un cas moral ? Faut-il considérer le cas comme la mise à l'épreuve de la sagacité de chacun ou comme un exercice social de délibération commune ? Peut-on concevoir une approche, voire une méthode, susceptible

---

1. D. C. Ainslie, « Principlism », *op. cit.*, p. 2102.

de détailler des règles de résolution des cas moraux ? La casuistique catholique au sommet de son art présentait des solutions à des cas de conscience, les premiers rapportés depuis la pratique du confessionnal, les seconds typifiés pour les besoins de l'enseignement dans les séminaires ou pour la formation continue des prêtres dans les conférences ecclésiastiques, les derniers enfin inventés pour enrichir la collection des cas recensés et pour préparer les prêtres à toutes sortes de situation. Pourtant cette casuistique classique n'a jamais, sauf exception (voir Texte 1), développé une méthodologie ; elle s'est repliée sur une tradition des autorités : le cas rencontré est toujours un cas qui a déjà été rencontré. Le temps du cas de la casuistique est ce temps *in illo tempore* évoqué par Eliade dans son analyse des mythes : le cas présent fait apparaître un cas ancien. Il n'y a rien de neuf, sinon une forme de complication introduite par les circonstances dont la plupart tiennent aux techniques nouvelles (le téléphone, la césarienne, le recours à l'anesthésie), aux mœurs du temps (le cinéma, la danse, le vote aussi), aux contraintes économiques (le prêt, le salariat), aux technologies aux conséquences incertaines (gaz de schiste, nucléaire, OGM).

Les constantes structurelles du récit du cas

Parce que le cas apparaît dans un récit, il pourrait se lire selon une perspective structuraliste, faisant appel à une morphologie calquée sur les analyses de V. Propp. En effet le cas est inséré dans une *narration* qui l'inclut et qui le déborde. Elle l'inclut puisque le déploiement du cas se fait à l'occasion d'un épisode narratif ; elle le déborde puisque le récit précède l'exposé du cas et qu'il lui succèdera. Le cas moral est une scansion dans un récit.

Tout article du *Dictionnaire de cas de conscience* de Jean Pontas[1] met en scène : « Pompone, Medecin, aïant été mandé pour prendre soin d'une femme poulmonique depuis trois ans, & l'aïant trouvée dès sa première visite dans un état à ne pouvoir pas encore vivre quatre jours, n'a pas laissé de lui ordonner plusieurs remedes qu'il savoit certainement être inutiles à cette malade pour rétablir sa santé, étant morte au bout de quatre jours, comme il l'avoit prévû. Les heritiers de la défunte lui ont donné dix livres pour les soins qu'il avoit pris d'elle. Cette somme lui est-elle legitimement acquise ? »[2].

Mais le cas apparaît lui-même comme un récit : il se déploie *diachroniquement* avant de prendre sens *synchroniquement*, et *pour* prendre sens synchroniquement. Que l'on retire une phrase, un mot, c'est-à-dire un détail auquel la phrase ou le mot font référence, et le cas disparaît : pas de cas moral si le cadavre est en dehors du porche dans le roman d'A. France, pas de cas moral si la femme soignée par Pompone n'a pas d'héritiers. Tout est dans le détail, mais dans le détail tel qu'il est signifié par des éléments du récit.

J. Gritti propose le premier sans doute une analyse structurale du discours du « cas »[3] : l'*instauration* du cas où un axe alternatif joue le rôle essentiel ; l'*évaluation* des termes alternés ; les *instances* (la force des autorités et des raisons). Il tient pour négligeable la distinction entre les cas réels, effectivement rencontrés et rapportés, et les cas fictifs inventés

---

1. J. Pontas, *Dictionnaire de cas de conscience, ou Décisions des plus considérables difficultez touchant la morale et la discipline ecclésiastique tirées de l'Écriture, des conciles, des décrétales des papes, des Pères et des plus célèbres théologiens et canonistes*, Paris, P.-A. Le Mercier, 1715, 2 vol.

2. J. Pontas, *Dictionnaire de cas de conscience*, éd. de 1726, t. II, « Medecin », Cas IV, c. 1345.

3. J. Gritti, « Deux arts du vraisemblable : I. La casuistique », *Communications*, 11, 1968, p. 99-114.

pour les besoins de la cause. La structure du discours du cas
n'est ni déterminée par l'opposition entre réel et fictif, ni
affectée par l'opposition entre fonction référentielle et
fonction performative.

Au sein de l'*instauration* du cas se trouvent d'une part des
procédés sélectifs qui retiendront ou qui valoriseront des traits
pertinents, d'autre part des procédés qui établiront l'isotopie
du cas ou le niveau auquel se situera la question morale (devoir
versus culpabilité/sécurité). L'instauration du cas consiste
dans l'établissement d'un axe alternatif, ou «fragment du
discours soumis à une alternative, évaluatrice, entre deux
termes». Un même cas moral peut présenter plusieurs axes
alternatifs, donc plusieurs séries d'opposition entre des
devoirs[1]; certains seront suivis et les autres resteront virtuels :
ils ne seront pas traités, mais ils ouvrent un monde de possibilités. Outre ces axes alternatifs, se trouvent les circonstances
qui servent à catalyser le récit, à enchaîner les éléments de
l'exposé. J. Gritti distingue plusieurs formes d'axes alternatifs
qui sont autant de manières de présenter l'alternative morale :
la forme simple où les axes sont combinés entre eux selon des
relations de disjonction ou de conjonction; la gradation; la
rotation; la forme ternaire; l'expansion; le transfert diachronique; l'emboîtement; la transformation diachronique.

Le moment de l'*évaluation* met en présence les instances
de l'évaluation. Comment et sur quoi porte l'évaluation
en suivant la structure des axes alternatifs : actes (culpabilité /
sécurité de conscience); échelle des valeurs (mal / bien);
pondération des matières (invalide/valide).

Viennent enfin les *instances* qui sont les autorités et les
raisons convoquées pour se prononcer. Mais Gritti étudie ces

---

1. *Ibid.*, p. 107.

instances *selon la position* que le casuiste occupe face au
cas. Placé *au-dessous des autorités*, le casuiste les cite, les
commente, les interprète. Ces autorités sont hétérogènes, de la
plus haute (la loi divine et ses commandements) à la plus
mondaine (le sentiment commun). *Parmi les autorités*, il les
arbitre. *Instance lui-même*, il se prévaut de son expérience pour
rendre le jugement. *Les Provinciales* dénonçaient déjà chez les
jésuites l'isonomie des autorités par laquelle un seul docteur
grave, le plus récent et le plus obscur de tous, pouvait renverser
l'autorité des papes, des Pères et des textes bibliques eux-
mêmes. Pascal en fait même l'un des ressorts comiques de son
œuvre (le fameux Père Tambourin).

Le récit du cas moral présente plusieurs caractères – qui ne
sont pas tous retenus par Gritti. Le récit du cas met en scène un
personnage qui affronte une situation dans laquelle il existe
plusieurs alternatives, ou du moins, quand le héros a déjà agi,
une situation dans laquelle il y avait plusieurs alternatives. Le
récit du cas est toujours *clivant* et pas seulement alternatif.
Pour faire un cas, il faut prendre parti et prendre parti non
seulement entre ce qui est connu comme un devoir et ce qui s'y
opposerait (fût-ce un *autre* devoir), mais entre des devoirs qui
ne sont pas nécessairement ceux que connaissait le héros.

Le récit du cas expose des *syntagmes argumentatifs* soit sur
le mode de la juxtaposition soit sur le mode de la succession.
Ces axes occupent dans un premier temps la même place ; ils
ont la même portée. Le *Dictionnaire des cas de conscience* de
Pontas citera indifféremment un périodique, saint Antonin ou
saint Thomas, les Décrétales et les textes bibliques – comme
s'ils avaient le même poids. Dans la structure du récit, aucun
argument n'a le pas sur les autres. Ce n'est que dans un second
temps qu'il *peut* y avoir une reprise et un réexamen des
positions et des autorités. L'argument est alors renversé ou
conforté par un autre ayant plus de poids. Les syntagmes

argumentatifs sont sollicités soit pour éclairer la démarche choisie par le héros soit pour éclairer la décision rendue par le casuiste. *Ils contribuent au sens du récit du cas, et non pas à sa valeur de vérité.*

Enfin les *circonstances* jouent un rôle déterminant dans le récit. Les cas fictifs sont souvent, sinon toujours, des exemplifications de commandements (de normes donc). Pour qu'il y ait cas, il faut qu'il y ait matière et cette matière ne saurait être identifiée sans une mobilisation des circonstances : les unes ajoutées d'un cas à un autre, les autres retirées (temps et lieu), les autres altérées (en genre, en nombre, en nature).

Pas de cas sans récit à tel point que l'on pourrait se demander d'une part si une morphologie textuelle du cas n'en livrerait pas, sinon la clé, du moins le dernier mot, d'autre part si tout récit à son tour ne pourrait pas être lu comme l'apparition d'un cas : tout récit n'est tel que s'il produit ou que s'il vise à produire un cas.

Inscrire, décrire/prescrire, construire. Résoudre le cas moral ?

De l'analyse structurelle précédente, il résulte que le cas moral est élaboré au sein d'un système de signes (le langage), qu'il est produit par un ensemble de codes réglant l'usage de ce système, qu'il est une production sociale mettant en présence un expert, au moins, sollicité et consulté par d'autres agents.

Le traitement du cas moral peut de ce fait être envisagé sous trois aspects : l'*inscription* dans un énoncé, la *description* du cas, la *construction* du cas par l'interaction des protagonistes. Il n'est pas certain que chacun de ces aspects soit indépendant et qu'il ne soit pas *in fine* nécessaire de recourir à une méthode plus englobante.

Inscrire

Le cas moral est inscrit dans le langage par un code d'usage des règles dont certaines ont déjà été vues : l'utilisation de *syntagmes argumentatifs*, les uns présentant des normes, les autres exposant des principes ; l'emploi de *déictiques* (les circonstances) ; la présence de *fonctions* dont la principale sont l'opposition et la résistance.

1) *Les déictiques : les circonstances*

Selon Aristote, l'acte peut être *involontaire* lorsque l'agent ignore certaines particularités de l'action (*Eth. Nic.*, III, 2, 1111a). Cette distinction a été le point de départ d'une théorie des « circonstances » qui aura particulièrement sa place d'abord dans la rhétorique grecque et latine, puis, au XIIᵉ siècle. dans les commentaires des œuvres de Cicéron et de Boèce, avant de pénétrer dans le domaine de la théologie chrétienne. Thomas d'Aquin donnera la division la plus souvent retenue : *quis*, *quid*, *ubi*, *per quos* (ou : *quibus auxiliis*), *cur*, *quomodo*, *quando*. Ce seront les circonstances canoniques : « Qui, quoi, où, par quels moyens, pourquoi, comment, quand ». Parfois la fréquence ou la durée étaient ajoutées. La *Somme théologique* propose une définition dans laquelle la notion de *circonstances* conserve de son sens initial, la notion d'extériorité (Iᵃ, IIᵃᵉ, q. 7, a. 1). Une circonstance est tout ce qui demeure extérieur à un acte et, de ce fait, les circonstances sont des *accidents* de cet acte. Elles le *touchent*. Ainsi elles peuvent être des accidents et rester extérieures à l'acte (q. 7, a. 1, S. 2) ; elles sont ordonnées à l'acte (q. 7, a. 2, S. 2). De là, deux manières pour les circonstances d'être des accidents des actes, et deux sortes de circonstances des actes : certaines circonstances sont des accidents de l'agent et se rapportent à l'agent sans qu'il y ait acte (comme le lieu ou la condition de la personne), d'autres sont des accidents de l'agent et se rapportent à lui par l'intermédiaire de l'acte (comme la manière d'agir). L'article 3 dénombre les circonstances d'un acte. L'auteur justifie cette énumération en en revenant à la définition de la notion de *circonstances* : ce qui, existant en dehors d'un acte, le touche en quelque façon. Or il n'y a que trois façons pour toucher ainsi un acte : toucher l'acte dans sa substance, dans sa cause ou dans son effet. S'agissant de l'acte lui-même, les circonstances qui le mesurent sont le temps et le lieu ; la circonstance qui le qualifie est la manière d'agir. S'agissant de l'effet, la circonstance sera le *quoi*. S'agissant de la cause de l'acte, il existe autant de circonstances qu'il y a de sortes de causes : *pourquoi* (cause finale) ; *au sujet de quoi* (cause matérielle) ; *qui* (cause agente) ; *au moyen de quoi* (cause instrumentale). Les circonstances ne sont pas des conditions de l'acte – sans quoi elles feraient partie de l'acte. Elles sont des conditions *surajoutées*. Ainsi, pour la circonstance de l'effet (« quoi »), verser de l'eau sur la tête de quelqu'un n'est pas une circonstance de l'ablution. Les circonstances seront dans la situation de l'ablution : si, en lavant quelqu'un, on l'a *réchauffé* ou *refroidi*, on l'a *guéri* ou *affaibli*.

J. Gerson (1363-1429) donne dans le *De confessione mollitiei* l'exemple d'un coup donné avec violence. Les circonstances aideront à identifier l'acte. *Qui* s'enquiert de l'âge, de l'emploi (clerc ou laïc) et de la situation à l'égard du mariage (célibataire ou marié) ; *quoi* se préoccupe de la qualité des objets de l'action (sacrée ou profane) ; *où* demande si le lieu de l'action était sacré, public ou privé ; *par quels moyens* demande si ont été employés l'épée, le poing ou le bâton ; le *pourquoi* cherche le motif ou l'intention (vengeance ou vol) ; le *comment* s'inquiète de la violence du coup (violent ou retenu) ;

quand s'informe de la qualité du temps de l'action (le carême ou un autre jour de fête) [1].

Les circonstances ne peuvent pas modifier la *qualité* morale de l'action parce que cette qualité dépend intrinsèquement de l'intention et de l'objet poursuivi : elles ne peuvent pas rendre bonne une action de soi mauvaise. Cependant elles peuvent modifier l'*appréciation* morale portée sur un acte accompli.

2) *Les fonctions*

Les fonctions désignent ce qui, dans la structure de l'énoncé du cas moral, place les circonstances en relation avec les personnages et ce qui met en relation les personnages entre eux. Elles contribuent à définir une séquence narrative ; chaque cas moral peut contenir *plusieurs* séquences narratives.

Il n'est pas possible de lister *a priori* toutes les fonctions : elles correspondent à la capacité de l'agir humain. Or il n'est pas d'agir humain qui ne puisse être une fonction pouvant être décrite dans l'énoncé d'un cas moral. Par *agir humain*, on entendra toute suite d'événements provoqués par au moins un sujet humain, de manière intentionnelle ou de manière signifiante. Cligner de la paupière parce que le soleil frappe l'œil n'est pas de l'agir ; cligner de la paupière pour faire un signe amical relève de l'agir (intention) ; cligner de la paupière parce qu'un grain de poussière s'est glissé entre les cils en relève également (signifiant).

L'un des cas portant sur la légitimité de l'absolution qui serait donnée à un pénitent physiquement absent consiste à examiner si la présence réelle est nécessaire, à réfléchir sur ce que peut être cette présence et à préciser si la voix peut remplir

---

1. J. Gerson, *De Confessione Mollitiei*, dans Gerson, *Œuvres complètes*, vol. VIII, Paris, Desclée, 1971, p. 75.

les conditions complètes de la présence. Ainsi la question de la confession par téléphone est-elle apparue avec les nouvelles techniques de communication. Si bien que toute technique pourra ajouter une nouvelle fonction entre les personnes.

3) *Les syntagmes argumentatifs*

Les syntagmes argumentatifs désignent ce qui met en relation les circonstances, disposées en séquences narratives par les fonctions, avec les jugements évaluatifs, les énoncés normatifs et les énoncés des principes quand il s'en trouve.

Les principaux traits syntagmatiques d'un cas moral sont les relations de possibilité / impossibilité, d'opposition / contrariété, d'empêchement / retardement.

L'impossibilité est le trait argumentatif qui constate que les valeurs, les normes ou les principes ne *pouvaient* pas être appliquées. Cette impossibilité se décline selon l'étagement des arguments. Mais à chacun des niveaux (valeur, norme, principe), les impossibilités découlent soit de l'absence de l'argument (aucune valeur, aucune norme, ni aucun principe ne pouvaient commander l'action), soit de la concurrence de ces arguments (pluralité, diversité et divergence des valeurs, normes, principes). L'opposition / contrariété concerne, dans le récit narratif du cas, l'ensemble des circonstances (traits situationnels ou personnes) présentes ou nouvelles, le bouleversement inattendu des fonctions, ainsi que tous les facteurs qui défont la liaison initialement posée par les syntagmes et qui demandent une reconsidération de la *nature* ce lien. L'empêchement/retardement désigne ce même ensemble mais en tant qu'il suspend la *continuité* de ce lien.

Décrire/prescrire

La description d'un cas moral est le processus par lequel sont retenus comme étant signifiants certains des traits structurels de l'énoncé du cas. Certaines circonstances seront sélectionnées comme significatives ; certains syntagmes argumentatifs seront retenus comme pertinents ; certaines fonctions seront conservées au détriment des autres. Une description correcte du cas moral fournit la base de son évaluation et ouvre la perspective d'une résolution du cas. La procédure de description du cas moral doit préparer le processus de prescription éthique en mesure, sinon de résoudre le cas, du moins de le réévaluer.

Il s'agit donc ici de fournir un ensemble de critères en mesure de discerner les traits pertinents des énoncés décrivant les cas moraux.

1) *Les syntagmes argumentatifs*

Dans une démarche procédurale et formelle et qui néglige les contenus intuitifs des propositions, trois critères peuvent être retenus pour déterminer parmi les syntagmes lesquels fournissent le fondement de l'évaluation éthique du cas : l'adaptation des valeurs aux circonstances, la révisabilité des normes, la réversibilité des principes.

La valeur éligible doit pouvoir se réaliser. Toute valeur qui ne pourrait déterminer aucune estimation adéquate du cas et qui ne pourrait prescrire aucune norme pour évaluer le cas serait une valeur hors de propos. Ainsi la valeur de la liberté pourrait-elle être une valeur pertinente pour un patient en fin de vie s'il est privé de conscience, s'il n'a pas prévu de directives anticipées et s'il n'y a pas d'entourage familial ?

La norme éligible doit être révisable de sorte qu'il soit loisible de retrouver, grâce à cette même norme, la valeur qu'elle prétendait suivre. Ainsi une norme qui voudrait appliquer la valeur de liberté devrait-elle en toutes circonstances respecter la volonté affirmée du patient ? Accéder au consentement de l'enfant, de la personne dépendante ou de la personne insuffisamment informée des conséquences de son engagement, imposerait sans doute de réviser la norme initialement retenue, et de chercher une autre voie d'action pour respecter la valeur de liberté (consultation de la famille ou de représentants des intérêts de la personne).

Le principe éligible doit être réversible de sorte que les conséquences engendrées par le principe ménagent, autant qu'il est possible, l'initiative de les défaire. Ainsi parmi les principes qui consisteraient à respecter l'expression de l'autonomie, celui qui porterait à respecter le souhait d'une personne de subir une vasectomie serait un principe sinon irréversible, du moins un principe contrariant fortement la capacité de récupération du pouvoir de fécondation.

2) Les circonstances et les fonctions

Parmi tous les faits présents dans la situation, tous ne figurent pas dans l'énoncé du cas non seulement parce que la transposition par le biais d'un code linguistique ne permettrait pas de les faire apparaitre, mais parce que tous ne sont pas pertinents pour la compréhension de ce qui fait l'éthicité du cas.

La casuistique classique faisait appel à une liste préétablie de circonstances pouvant servir de grille de construction de l'énoncé descriptif. Parmi ces circonstances déjà, toutes n'avaient pas le même poids et l'interrogation du confesseur pouvait davantage s'arrêter sur celles qui particularisaient l'action au détriment de celles qui ne faisaient que moduler la gravité de la faute suspectée.

La principale faiblesse de cette approche consiste précisément dans la juste appréciation du poids de chaque type de circonstances retenues. Comment et pour quelles raisons accorder à l'un l'importance qu'on aura retirée à l'autre ? De plus, l'application systématique d'une telle grille de lecture, outre qu'elle pourrait ne pas trouver à s'appliquer telle quelle, privilégie un *sujet* de l'action. Or des cas moraux peuvent naitre en l'absence d'un tel sujet, soit parce que le sujet n'a pas

d'identité numérique (un sujet de fiction sans référence propre
dans le monde extérieur), soit parce que le sujet peut être
une collectivité (les Havasupai) voire une institution (le cas
de la guerre en Bosnie, dans l'exemple donné ci-après par
A. R. Jonsen dans le Texte 2), soit parce qu'il n'y a pas de sujet
du tout : la menace pesant sur la biodiversité peut être un cas
moral si l'on accorde à l'environnement des droits sans être
amené toutefois à lui reconnaitre un statut de « personne ».

Une approche procédurale privilégie un processus : seront
tenus pour des circonstances et pour des fonctions pertinentes,
tout fait, tout ensemble de faits et toute liaison entre les faits,
dont la description donnera, une fois entrés dans l'énoncé, une
forme stable, cohérente, et communicable répondant à la
situation extérieure. Les circonstances et les fonctions de
l'énoncé produit sont retenues et disposées par les syntagmes
argumentatifs.

Il reste que le processus descriptif se fait en *contexte* et
que le tableau de la situation du cas moral n'a véritablement
de sens que s'il est rapporté à des pratiques culturelles. Ainsi
la scarification et le tatouage ne sont pas des cas moraux,
contrevenant à la valeur de l'intégrité de la personne, dans des
sociétés où ces pratiques ont tout au contraire pour fonction de
construire la personne, comme il apparait dans les rites de
passage. L'autre conséquence est de faire porter l'accent sur
les syntagmes argumentatifs : ce sont eux qui détermineront
quelles circonstances sont pertinentes pour le sens de la forme
construite. Enfin ce processus descriptif du cas est lui-même
en situation ; il sollicite la participation de plusieurs acteurs
inclus dans la situation. Ou encore la description fait l'objet
d'une *tractation* : elle est moins un décalque ou un démarquage
de faits qu'un effort collectif pour « comprendre de quoi il en
retourne » – les pratiques et les usages étant ce fond qu'il faut

retourner pour le voir, et pour faire voir le cas. Nous sommes alors passés à une fonction constructiviste du cas moral.

Construire

L'ensemble des opérations de la description suppose d'abord un expert (ou plusieurs experts) investi d'une autorité, mais aussi un ensemble de traits qui sont en arrière-plan. Ainsi le prêt à usure ne fournira pas la matrice d'un cas moral dans les sociétés où l'expansion économique, quand elle est encouragée, nécessite le recours à des sommes massives d'argent. Cela signifie d'une part que le cas est une construction, d'autre part qu'il est une construction sociale qui se fait dans une interaction, enfin qu'il est une construction qui dévoile le soubassement éthique d'une culture.

Le cas moral est d'abord un *artefact*; il est une construction factice, à l'aide de syntagmes argumentatifs et de circonstances, pour produire une forme qui remet en question les pratiques courantes d'une culture. L'énoncé du cas n'a pas de fonction référentielle s'il n'a pas de fonction performative. Décrire un cas moral, c'est le construire. Pas plus qu'il n'existait de péché avant l'aveu dans la confession auriculaire, il n'existe de cas indépendant du processus qui retient, de tous les faits et de tous les événements possibles, ceux qui prennent forme *constante*, *cohérente* et *signifiante* dans une pratique courante.

Mais cette construction n'est pas l'œuvre d'un expert isolé. Même dans la casuistique catholique, le casuiste s'appuyait sur un corpus de textes faisant autorité et qui lui délègue cette autorité. Le bandeau du *Dictionnaire des cas de conscience* de Lamet et Fromageau[1] montre un casuiste en son cabinet de

---

1. A.-A. de Bussy de Lamet, *Le Dictionnaire des cas de conscience ...* par MM. de Lamet et Fromageau..., Paris, J.-B. Coignard, 1733, 2 vol.

travail, dans sa bibliothèque. Le souci principal des évêques était de contrôler la production des cas et de leurs résolutions; les conférences ecclésiastiques organisaient des sessions pour exercer à résoudre des cas, dans le cadre d'une sorte de formation continue et collégiale. Force est de constater que seuls les résultats validés par le diocèse étaient diffusés. Rien n'est resté de ces travaux préparatoires, de ces exposés où chacun pouvait avancer ses propres réflexions. Les procès-verbaux de ces conférences, peut-être définitivement détruits, n'ont jamais été imprimés. La seule voix qui pouvait se faire entendre était celle d'une communauté de foi collégiale, organisée et hiérarchisée. De même pour les énoncés descriptifs du cas moral : la description, en conservant des circonstances et des fonctions et en les plaçant dans des syntagmes argumentatifs, n'est pas une tâche menée isolément. Pour que les circonstances retenues puisse faire forme constante, durable et signifiante, il est nécessaire qu'un accord, tacite d'abord, se fasse autour de cet énoncé du cas. Le soin porté à bien dire le péché, le souci à rapporter exactement le cas clinique, dans l'exercice de la médecine, attestent que cet effort n'est pas seulement tacite : il fait l'objet de *tractations*. Le débat public autour des questions comme le droit d'ingérence, l'organisation de conférences de consensus au Danemark, ou les sessions de conférences de citoyens en France, sont autant d'efforts pour donner un énoncé descriptif de ce qui fera le cas. Toutefois rien ne garantit *a priori* qu'un seul énoncé descriptif puisse faire consensus, et que l'effort descriptif puisse contenir suffisamment de syntagmes argumentatifs pour rendre compte, non pas du réel, mais de la perception éthique du réel.

A ce titre, le cas moral joue un rôle comparable à ces *breach experiments*, ces expériences de rupture que préconisait H. Garfinkel afin de jeter la lumière sur des routines sociales et culturelles. Le cas moral, de même, met au grand jour cet invisible qui supporte nos pratiques morales, et il oblige à considérer les présupposés éthiques d'une culture. Le cas moral est donc le moment où des pratiques courantes, habituelles, révèlent qu'elles expriment une attente éthique.

La voie de la résolution du cas moral devrait alors être toute indiquée : résoudre un cas moral consisterait à remettre *dans l'ordre* les circonstances et les fonctions retenues et organisées par les syntagmes argumentatifs. Cette remise en ordre est soit l'exécution d'actions prescrites par des normes conformes aux valeurs de la culture (*agir*) soit la reconsidération des énoncés descriptifs et leur reformulation (*réévaluer*).

Pour autant, tout cas moral n'aurait pas nécessairement *a priori* une solution : les attentes éthiques d'une société peuvent être prises en défaut. Les atermoiements sur un droit moral d'ingérence dans un pays tiers sont aussi de nature éthique : la paix et la liberté comme valeurs peuvent difficilement prescrire des normes dérivées qui engageraient à la violence et à l'intervention dans des nations indépendantes.

CONCLUSION

Interrogé sur l'origine de sa compétence en matière de justice, Alcibiade répond qu'il l'a acquise de tous (*Alc.*, 110d-e). Il y aurait donc un sens pratique éthique, lequel se manifesterait par une capacité à inscrire dans des énoncées descriptifs ce qui fera cas, à insérer dans ces énoncés des circonstances qui seront organisées par les syntagmes argumentatifs exprimant les valeurs, les principes et les normes acceptés par une culture. Les cas moraux seraient les moments de crise où les routines d'une société donnée ne parviennent plus à mettre en œuvre et à mettre à exécution ce qui les porte. Cela revient à prétendre que toute personne est en mesure de participer à l'élaboration des cas et de participer à leur résolution. Cela signifie encore que cet effort est nécessairement commun tant afin de corriger les propositions faites par d'autres que pour les valider. Toute description qui, dans son aspect référentiel, ne proposerait aucune forme constante, cohérente et signifiante, et qui, dans son aspect performatif, ne rencontrerait aucune adhésion ne saurait trouver d'issue pertinente et valide pour un cas, soit par la détermination d'une action commandée, soit par la révision de l'énoncé initial amenant à sa réévaluation éthique.

De même que selon l'ethnométhodologie il ne saurait exister de membre d'une culture tellement privé de jugement de sorte qu'il ne puisse jamais savoir de quoi il en retourne (*judgmental dope*)[1], de même la morale peut être conçue comme le lieu où l'homme du commun saurait ce dont il est question, ce à propos de quoi ce serait le cas de s'interroger, et comment aborder le cas pour le résoudre. De même que la tâche de l'ethnométhodologue consiste à expliciter les ethno-méthodes présentes dans les échanges entre les membres d'une culture, la tâche du philosophe de la morale consisterait alors à dégager les processus par lesquels les membres d'une culture identifient, traitent et résolvent éthiquement les cas moraux. Cette position a pour conséquence de borner très étroitement la prétention de la philosophie morale ; elle ne saurait faire mieux que de mettre au grand jour ces processus, d'en donner et d'en tester l'armature logique.

---

1. H. Garfinkel, *Recherches en ethnométhodologie*, *op. cit.*, p. 138.

TEXTES ET COMMENTAIRES

TEXTE 1

« NOTES D'UN VIEUX MORALISTE ».

EXTRAIT 1 [1]

« Qu'est-ce qu'un cas de conscience ?

Me croira qui voudra ! J'ai été longtemps avant de le savoir.

Comme le commun des mortels, dès l'aurore de ma vie consciente et raisonnable, je me suis souvent posé, avant d'agir, la question : Est-ce permis ou défendu ? Dans ce temps-là, je tranchais les cas de conscience sans m'en douter.

Le dirai-je ? Après ma sortie du séminaire, j'en ai tranché encore, et beaucoup, sans avoir compris de bonne heure ce que c'est qu'un cas de conscience. Comment l'aurais-je pu apprendre à l'avance ? Nos auteurs de morale ne se donnent point la peine d'en parler. Ils estiment sans doute que c'est chose aisée à deviner, monnaie courante de bon sens expérimental. En quoi, à mon avis, ils se trompent fort, et je me flatte que beaucoup, après m'avoir lu, trouveront mon avis parfaitement juste.

Je me permets de formuler tout de suite, le plus respectueusement du monde, un sérieux *desideratum* à

---

1. *L'Ami du clergé*, n°47, 1897, p. 993, 994-995.

l'adresse de mes chers anciens et futurs confrères dans l'enseignement de la théologie morale.

Qu'ils aient soin de glisser quelque part, dans un coin du traité *Des actes humains* ou *Des lois*, ou simplement en guise d'introduction au cours entier, cette question : « Qu'est-ce qu'un cas de conscience ? » avec une réponse solidement développée, et ils auront rendu à leurs élèves un service énorme. On saura tout à l'heure pourquoi. […]

Placé dans l'occasion d'une action à faire, ou à omettre, tout homme ici-bas se trouve en face d'un problème à résoudre. L'inconnu, c'est *licet* ou *non licet*; les données du problème sont d'un côté, les règles ou principes de la loi morale, et de l'autre les circonstances pratiques du cas à élucider.

Par *circonstances pratiques* d'un cas donné, j'entends tous les éléments de fait et contingents qui s'y rapportent, et dont l'ensemble – comme les caractères très particuliers, physiques ou moraux d'une personne, – constituent la note absolument individuelle du choix qu'on devra faire d'un mode d'action qui soit en harmonie avec toutes ces considérations relatives, avec toutes ces causes dont chacune a sa part d'influence sur le jugement final de *licito* et *non licito*.

J'ai enseigné jadis en philosophie que l'identité absolue de deux individus dans la nature est chose impossible. Deux hommes absolument semblables sont également une chose chimérique ; chimérique aussi, allez ! la similitude complète de deux actions humaines, de deux situations morales, au moment d'agir ; chimère donc, l'hypothèse de deux cas de conscience totalement identiques, encore qu'on en puisse rencontrer dont la différence est assez mince pour qu'il soit permis pratiquement de les assimiler. Mais, changez un tant soit peu l'un quelconque des nombreux éléments externes qui constituent les *circonstances* d'un fait, vous aurez par là même modifié l'énoncé du problème et rendu par conséquent variable sa résolution.

«La femme mariée» abstraite n'existe pas. Il n'existe que des épouses et des maris, en chair et en os, dont les relations réciproques doivent subir fatalement l'influence des caractères, variés à l'infini, de l'un et de l'autre.

Le cas de conscience, «du côté des circonstances de fait» est donc comme la somme des traits individuels d'un visage donné, un ensemble qui réclame autant de poses et d'épreuves photographiques différentes qu'il se présente de cas particuliers dont on veut avoir une physionomie parfaitement exacte.

Et, en fait, le fidèle qui raconte son cas à un confesseur ne fait rien autre chose dans sa narration que dessiner les lignes de sa vraie «pose morale» au moment de son action. Il est des traits légers, presque imperceptibles, moralement négligeables ; il en est d'autres plus accentués ; on en voit de rectilignes, de sinueux et de brisés, d'harmonieux et de choquants ; peu importe. […]

Voilà donc qui est certain. Le cas de conscience comporte, avant tout, l'examen historique, photographique, la narration exacte des circonstances de fait, infiniment variables, qui concourent à former ce que j'appelle la physionomie caractéristique et absolument individuelle d'une situation pratique donnée.

Mais là n'est pas le plus gros embarras Il faut voir maintenant l'autre face de la médaille, l'autre côté du cas de conscience, le côté qui regarde les lois et règles de la morale humaine.

S'il ne se présentait qu'un fait à juger tout seul, à part, sans aucune considération relative externe qui en puisse modifier l'appréciation morale, on aurait vite fait de décider, en consultant au besoin le code des lois morales, s'il est permis, défendu, conseillé, ordonné, ou toléré.

L'acte d'assister à la messe le dimanche est commandé aux chrétiens. Donnez-moi une personne qui n'ait *aucune* raison de n'y pas aller, dont le cas ne comporte aucune circonstance sérieusement gênante, je ne serais jamais embarrassé, ni elle non plus sans doute. Se rendre à l'église est ordonné, n'y pas aller est défendu ; reste à choisir nettement entre le bien et le mal, la bonne action et le péché.

Mais, en pratique, la plupart du temps, cette personne idéale n'existe pas »

EXTRAIT 2 [1]

On peut définir le *cas de conscience* : « Un problème dans lequel, étant données, comme éléments connus préalablement, toutes les circonstances qui concourent à la moralité d'une certaine action, l'on cherche si cette action est moralement bonne, ou mauvaise, ou indifférente ».

Si le problème se pose *avant l'action*, la solution doit donner *théoriquement* la mesure exacte d'imputabilité morale, bonne ou mauvaise, que cette action comporte *en elle-même*.

Si le problème se pose *après l'action*, la solution doit donner *pratiquement* la mesure exacte d'imputabilité morale qu'elle comporte, non plus en elle-même, comme chose abstraite, mais à l'état vivant, dans la volonté qui l'a produite.

Les données connues du problème, dans les deux hypothèses, sont ce que j'appelle, pour la simplification du langage, les *circonstances* du cas, c'est-à-dire toutes les causes qui sont mises en jeu, plus ou moins immédiatement, mais

1. *L'Ami du clergé*, n° 14, 1900, p. 306-307.

toujours avec influence morale appréciable, dans sa production.

Ces circonstances peuvent varier beaucoup. L'addition, la soustraction, la modification d'une seule d'entre elles change évidemment *ipso facto* l'énoncé du problème. Rien de sensible comme les oscillations de la balance du jugement sous l'influence de ce petit milligramme, en plus ou en moins, qu'est la présence ou l'absence d'une condition, en apparence peu importante, dans un cas donné. Or, le fléau ne doit s'arrêter, et l'aiguille marquer le point précis de la solution morale que lorsqu'on a bien mis dans les deux plateaux, pour et contre le *licet*, tout ce qui doit s'y trouver, absolument tout. Oublier ou négliger un seul petit poids, et *a fortiori* un gros, c'est fatalement se condamner à n'aboutir qu'à une erreur, à une solution fausse.

Ceci dit, avançons un peu plus loin.

Veut-on me permettre deux mots, drôles peut- être, mais bien significatifs pour ce que j'ai à dire ? Autre chose est le cas *mort*, autre chose le cas *vivant*. J'appelle « cas mort », sans vie, le cas fabriqué de toutes pièces, à sa guise, pour les besoins de son explication, par la fantaisie libre du professeur ou de l'auteur de morale ; « cas vivant », au contraire, le vrai cas de conscience réel, physique, et tangible pour ainsi dire, tel qu'il se présente, avec tous ces détails, toutes ses influences, toutes ses aggravations et ses excuses, tous les traits enfin de sa vraie physionomie pratique, dans telle action humaine vivante et consommée.

Il y a un abîme entre ces deux sortes de cas, non pas une contradiction, comme je le ferai voir tout à l'heure, mais une différence profonde dont le moraliste doit tenir compte, et que n'aperçoivent pas assez tôt nos écoliers casuistes.

Les cas de nos *livres*, les cas de Gury par exemple, et de cent autres, sont fabriqués artificiellement. L'auteur énonce dans son problème les circonstances seules qu'il lui plaît d'y voir figurer, et tout naturellement conclut *licet* ou *non licet* conformément aux suppositions qu'il s'est choisies pour les besoins de son enseignement. Il mettra par exemple deux, trois circonstances bien précises qui appellent clairement une appréciation morale déterminée correspondante ; il fera voir comment, en conséquence des principes qui régissent la moralité de ces circonstances, l'action qui en découle se trouve bonne ou mauvaise, gravement ou légèrement ; et le cas est ainsi résolu, et bien résolu. Voilà pour la théorie des cas morts.

Dans la pratique réelle des faits, c'est tout autre chose. La même action exactement, au lieu de trois circonstances imaginées par l'auteur, en aura quatre, cinq, six…, dont il faudra tenir compte ; ou, si elle n'en a que deux ou trois, elles seront tout autres que celles prévues par l'auteur ; et voilà un problème nouveau qui peut mener à une solution toute différente ; un cas vivant qui, bien que matériellement identique, quant à son objet, au cas mort de l'auteur, s'en distingue pourtant comme le corps animé se distingue du squelette ».

COMMENTAIRE

LE CAS : DÉFINITION ET MÉTHODE

L'Ami du Clergé paraît le 1er novembre 1878. Son premier directeur, Victor Palmé, entend donner à chacun de ses lecteurs, pour le moindre coût, une « solution nette et précise sur toutes les questions d'un usage journalier » (1878, 1, 1). La chronique « Notes et souvenirs d'un vieux moraliste » est inaugurée dans le n°45 du 11 novembre 1897 alors que François Perriot est le troisième directeur de la rédaction. La chronique est tenue par un archiprêtre, ancien vicaire général qui : « (…) a été jadis un très brillant professeur de philosophie, de dogme et de théologie morale dans un de nos plus réputés grands séminaires de France » (1897, 45, 945). Il restera anonyme et peu de détails sont fournis sur son identité. Connu sous l'appellation de « Vieux Moraliste », il aurait été découvert par l'abbé Louis Denis, second directeur du périodique, en 1895[1].

EXTRAIT 1

Après un aveu, vraisemblablement plus oratoire qu'il n'est fondé, l'auteur distingue une pratique ordinaire et une pratique

1. R. Desvoyes, *Vie et Esprit*, n°42, 1990, p. 565.

réfléchie dans l'art du confessionnal. Il dégage d'une routine acquise dès le séminaire une procédure qui n'a pas d'autre mérite que d'expliciter et parfois d'élucider cette routine. Les deux extraits ici présentés se complètent. Si le premier s'efforce de définir le cas, le second ajoute une réflexion méthodologique et donne au confesseur un *vade-mecum*. Même si la Chronique aborde rapidement la notion de cas, le Vieux Moraliste n'a pas manqué de tomber dans le travers qu'il dénoncera : traiter des cas de conscience sans avoir défini ni caractérisé la notion ; résoudre des cas sans avoir réfléchi à l'élaboration d'une procédure.

Le premier Extrait semble adopter une approche définitionnelle. Il y aurait une continuité entre l'action morale et l'action morale réfléchie. Nul saut et nulle rupture entre le cas de conscience, réservé à l'art des arts, et l'hésitation sur la moralité de l'action. La morale se précède en quelque sorte toujours elle-même et le Vieux Moraliste souligne une disposition commune à agir, commune à tous les hommes d'une part, commune en cela qu'elle est profane et spontanée d'autre part.

Cas et sens commun

Il y aurait une perception immédiate et pré-réflexive de ce qu'est un cas de conscience. Nous commencerions par savoir le résoudre avant même de l'identifier, et avant même de savoir le définir comme un cas de conscience. Cela soulève deux difficultés préalables, dont cette première : comment les hommes en seraient-ils venus à s'interroger sur les cas de conscience s'ils savaient à l'instar du Vieux Moraliste : « dès l'aurore de [*leur*] vie consciente et raisonnable » comment les « trancher » ? La réflexion ne peut survenir qu'avec l'étonnement, lequel ne s'exprime que par la découverte d'une résistance à un effort spéculatif. La transition entre le cas de conscience et cet obscur objet d'hésitation s'opère ici par une question : « Est-ce permis ou défendu ? ». L'auteur n'identifie pas le cas de conscience à la question du scrupule – celle de la conscience en recherche de certitude. Mais tout laisse croire que le scrupule est la forme annonciatrice du cas. La seconde difficulté apparaît avec le moment crucial où le cas se manifeste comme cas. Le Moraliste présente le cas comme offert à la conscience ordinaire (« tout homme ici-bas ») alors même qu'il sera dans la suite réservé à l'examen d'experts. Avant même cette spécialisation que donnera la science du confessionnal, le cas dépend de l'exercice de la « vie consciente et raisonnable ». Ainsi le cas n'a rien d'extravagant ; il est tout au contraire coextensif à la vie de la conscience immergée dans le monde des actions quotidiennes. Ces deux positions ne sont pas contradictoires : si le cas est vécu par tout un chacun, il ne pourra être traité validement et efficacement que par un expert. Cependant le Vieux Moraliste constate que : « Nos auteurs de morale ne se donnent point la peine d'en parler ». Il constate ce qu'un regard rétrospectif sur la littérature théologique confirme : les théologiens ont résolu des cas, ou ils ont proposé des modèles de cas résolus, sans s'être véritablement préoccupés de ce qu'ils faisaient. Bien des raisons peuvent être avancées dont la première résulte sans nul doute des nécessités de la vie courante : un soupénitencier comme J. Pontas avait assez à faire avec sa pratique pour lui chercher, au-delà de sa mission, un fondement spéculatif.

Le permis et le défendu

La première question est celle du permis et du défendu avant l'action. Ici trois caractéristiques apparaissent : le cas se rapporte à l'*action* et il semble même qu'il n'y ait de cas qu'à propos de faits réels. On ne saurait alors appeler « cas » une situation construite à l'aide de l'imagination dans le cadre d'une expérience de pensée : l'expérience du tramway (P. Foot)[1] ne concerne pas une action à faire, mais elle reste une éventualité afin de tester la relation entre faire et laisser faire. En poussant les choses à leur plus extrême limite, la question se pose de savoir si un cas pourrait être autre chose qu'une *action*. Ainsi à propos d'une supputation c'est-à-dire d'une proposition d'action envisagée par l'esprit alors qu'il serait certain que cette supputation n'entraînerait jamais la moindre action, il ne serait pas possible de parler de cas. Le terme de « dilemme » serait plus approprié – tel serait le dilemme de J. J. Thomson[2]. Autre caractéristique : puisqu'il surgirait dans la délibération morale, le cas se pose *avant* l'action. Cela imposerait d'identifier les raisons qui feront de ce moment un cas, et non pas, par exemple, un scrupule, une incertitude ou un dilemme. Enfin, troisième caractéristique, la conscience est sommée de choisir son action selon l'un ou l'autre de ces pôles : le permis, le défendu. Si le début du texte pouvait placer le permis et le défendu dans le domaine de la loi ou des mœurs, la suite du texte restreint ces notions à leur seule acception morale. Le cas est d'emblée considéré sous un point de vue axiologique.

Le cas est présenté sous deux facettes : la loi morale, d'une part ; les circonstances pratiques d'autre part. Le Vieux Moraliste délaisse la loi morale, dont traitent tous les cours de théologie, pour ne s'intéresser qu'aux circonstances. Très généralement la littérature sous toutes ses formes, en matière

1. *Cf.* P. Foot, *Virtues and vices and other essays in moral philosophy*, Oxford, Clarendon Press, New York, Oxford University Press, 2002, p. 23.

2. « Granted you have a right to decide what happens in and to your body, but a person's right to life outweighs your right to decide what happens in and to your body », J. J. Thomson, « A Defense of Abortion », *Philosophy & Public Affairs*, vol. 1, n. 1, 1971, p. 49.

de théologie morale, fait davantage état de la loi morale. Les approches restent la même sous la diversité des apparences : présenter les commandements divins, rappeler les péchés, mentionner les autorités des Pères de l'Eglise, citer les textes de l'Eglise constituée (Décrétales). Les cas de morale sont soit des échantillons dans lesquels le commandement, la loi ou les textes sont strictement appliqués, soit des illustrations qui font place à une interprétation inattendue ou imprévue, soit des exceptions de première évidence, aussitôt rattachées au pouvoir normatif des textes cités. Et, nous l'avons vu, les Conférences ecclésiastiques elles-mêmes n'ont donné lieu qu'à des textes imprimés et publiés, composés à la manière des cours de théologie morale. Les solutions divergentes envisagées, les échanges entre les participants – de cela, les secrétaires de séance n'ont pas gardé mémoire. Néanmoins la loi est présentée comme une donnée : elle est, ou elle peut être, présente dans la conscience de tout un chacun. Absente ou mal connue, il s'agira de la chercher mieux en soi-même ou par le conseil du confesseur. Le Vieux Moraliste entend aborder le cas sous l'aspect qui a été le plus souvent occulté : les éléments de fait. L'auteur ne conteste pas ce face à face entre la loi et les circonstances ; il n'envisage pas que la loi ne puisse pas être spécifiée (une loi pourrait être présentée comme une collection de faits qui l'exemplifient) et il n'envisage pas que les circonstances puissent résister aux normes, leur être hermétiques et imperméables. Le face à face du cas et de la loi ainsi posé consiste à retirer tout crédit à des situations indifférentes, à des situations dans lesquelles nulle norme ne prévaut voire dans lesquelles nulle norme ne s'exerce. Nulle place pour les *adiaphora*. Tout élément de ce monde est placé d'emblée sous les fourches caudines, sans équivoque aucune, de ces deux normes.

Les circonstances

Les circonstances sont des assemblages inédits d'éléments de faits et d'éléments qui, par ailleurs, sont contingents. L'auteur propose, sans l'examiner, une conception réaliste du cas. Le cas a une existence réelle; cette existence est déterminée par des composantes factuelles (les traits physiques et moraux des acteurs de la situation). L'effort devra porter sur la détermination de la différence individualisante du cas : à quel moment et comment décider que ce cas perd son identité individuelle pour devenir cet *autre* cas? Comme dans un sorite, la conception réaliste du Vieux Moraliste se heurte à la difficulté d'un changement qualitatif : s'il y a des cas, et non pas un seul, la conception réaliste trouve le passage à la limite d'un cas à un autre par l'addition d'un trait factuel supplémentaire. Mais comment cette addition va-t-elle produire la différence individualisant un nouveau cas? Cela n'est pas sans difficultés.

La première porte donc sur l'additivité des éléments de singularisation : tout élément différent transforme le cas. Un élément peut être indifférent et ne retentir en rien sur l'identité du cas. Mais, plus sûrement, les éléments factuels agissent les uns sur les autres, sont compénétrables et ils ne se juxtaposent pas *partes extra partes* les uns aux autres. La femme mariée qui, obéissant à son mari, n'assistera pas à la messe du dimanche pour aider à la réception des hôtes venus chasser (c'est l'exemple que donne l'auteur au début de la chronique – Extrait 1), pourra être à la fois bonne chrétienne, généreuse donatrice, fille d'une famille pieuse. Chacune de ces trois caractéristiques, présente ou absente, ne fera pas naître un cas nouveau. De même que les trois caractéristiques simultanément données feront revêtir un autre aspect à la situation. Le cas ne figure jamais, sous la plume du Vieux Moraliste, que comme *l'addition* de traits (la « somme des traits individuels »). De même, seconde difficulté, il se manifeste toujours par l'expression d'une *différence*. L'identité du cas n'est jamais que l'apparition ou la disparition d'un trait différentiel. Si le cas a une réalité, il semble que cette réalité ne puisse être connue que par la référence à un cas modèle ayant assez de généralité pour que les différences puissent s'y trouver (se manifester et être découvertes). La conception réaliste du cas est conduite à se dépasser elle-même et à se jeter dans les bras d'une conception nominaliste voire idéaliste : le cas n'est connu que s'il est pensé et décrit en un cas modèle auquel il est rapporté. Enfin, troisième difficulté, cette différence est produite par des traits *contingents*. Or s'ils n'ont pas de nécessité, quelle intelligibilité nouvelle peuvent-ils donner au cas ? Et s'ils apportent véritablement de l'intelligibilité, il sera difficile de les présenter comme contingents. Il faudrait admettre que la contingence apporte une intelligibilité – ce qui n'est guère possible si l'on refuse toute place à une lecture herméneutique du cas. Ainsi en histoire, un fait contingent ne rend une situation intelligible que s'il est rapporté à un contexte plus large au sein duquel il a sa place et au sein duquel il fait sens. Dans l'exemple de la châtelaine qui renonce à la messe dominicale pour seconder son époux, le statut social de l'épouse formera un cas très différent de celui de la paysanne qui devrait en toute hâte aider son époux à rentrer le foin avant la pluie un dimanche matin. La nature de cette contingence n'est guère présentée par le Vieux Moraliste : le cas figure comme une réalité fluctuante, passant d'infime différence à une autre infime différence. Et peut-être même n'est-il que dans la fugacité de ce passage.

Dans cette présentation tout repose sur un présupposé ontologique : le cas a une existence et cette existence est celle de l'addition cumulative de traits différentiels qui doivent tout à autre chose qu'à une histoire et à un contexte. La comparaison avec le principe des indiscernables vient renforcer cette vision ontologique (« J'ai enseigné jadis en philosophie que l'identité absolue de deux individus dans la nature est chose impossible »). Elle la nuance en introduisant la notion d'*action humaine*. Le cas n'est plus une réalité interne dans une réalité englobante. Mais la lecture ne permet pas de saisir si l'*action* est un trait différentiel que l'auteur ajoute en plus des précédents, ou bien si l'action est le fond du cas. Le cas serait alors une action contextualisée par les traits différentiels antérieurs, ou contextualisable au terme de l'interprétation qu'en fera le confesseur : il demandera au pénitent de détailler les circonstances de l'action. Jusqu'ici le cas était une réalité additive de faits et une réalité à la fois unique, changeante par l'apport ou le retrait d'un fait, et donc une réalité différentielle. Le seul facteur de dynamisme du cas apparaît avec la mention de « relations réciproques » entre les traits différentiels sans qu'il soit certain que cette relation ne soit pas, elle aussi, un trait différentiel. La relation des facteurs différentiels connus (âge, sexe, position sociale de chacun) ne crée pas une relation fondamentalement inattendue : elle s'ajoute aux autres facteurs.

Le cas apparaît donc comme une réalité additionnelle de traits différentiels se démarquant le long d'une série continue d'infimes variations (« variés à l'infini »). Rien d'étonnant que l'image qui vient sous la plume du Vieux Moraliste soit celle de la *photographie*. Le cas n'est pas une histoire ; il n'est pas même un instantané : il est une photographie qui montre la « vraie pose morale ». Dans un tableau, l'ordre qui se déploie est celui de la juxtaposition des éléments. La comparaison avec la photographie pourrait se lire de deux façons : le tableau dépend de la position de l'appareil photographique (l'appareil est entre les mains d'un homme qui choisit les angles de vue, qui règle la focale – l'objectif devient subjectif) ; le tableau dépend de la pose que prennent les protagonistes. Or il n'est question que de la seconde version. Les personnages doivent multiplier les poses afin que se dégage la «physionomie parfaitement exacte». La prise de vue imposait, au moment où écrit le Vieux Moraliste, une immobilité durable. Il s'agit d'éliminer le bougé de chacun qui pourtant donne le mouvement et crée l'impression de la vie : imprimer la vie sur la plaque de verre ou sur la pellicule. Il ne faut retenir que les «lignes» et les «traits» ; la multiplicité des prises permettrait tantôt d'estomper les éléments superflus, tantôt de souligner ceux qui dessinent au mieux le contour. Le lecteur ne peut que se souvenir des analyses bergsoniennes : vouloir créer du mouvement avec du repos, créer de la vie avec de l'inerte, cela reste peine perdue. Le mouvement ici est donné par l'«histoire» («l'examen historique»), par la «narration». Mais ces traits diachroniques sont le moyen de préciser la physionomie, comme la série des poses devant l'appareil photographique sert à donner un contour à la scène représentée. La temporalité n'est qu'un trait différentiel de plus qui s'ajoute à l'identité du cas. Elle n'est pas à proprement parler une dimension originale. L'essentiel est de saisir la physionomie du cas, c'est-à-dire son extériorité ou encore sa limite d'avec les autres cas.

La loi et le cas

L'autre volet du cas est la loi. Le Vieux Moraliste y revient après l'avoir mis de côté. La relation de la loi au fait est elle aussi une relation d'extériorité et d'hétérogénéité : les deux aspects d'une médaille sont simultanément présents sans qu'ils soient en relation ; il n'y a pas encore «cas». Il faut donc, pour qu'il y ait un cas moral, concevoir que les circonstances et la loi soient *en relation*. Tant qu'il est isolé, un fait n'est pas un cas : il se rattache aussitôt à des lois connues et il ne peut disposer de l'identité d'un cas. La relation du fait à la loi, celle qui constituera proprement le cas, se fera par le moyen de l'*agent de la situation*. Encore faut-il que la personne au cœur de l'action ne soit déterminée dans son agir ni par les faits extérieurs seulement ni par la loi qu'il connait et qui s'impose à lui. Dans ces dernières éventualités, l'agent maintiendrait sa situation en dehors du cas : il agirait de manière routinière ou attendue ; il satisferait à l'ensemble des normes et des attentes. L'histoire *dramatique* du cas commence avec la manière dont la loi se fait sentir et connaitre à la personne. La personne est le pivot qui fait naître le cas de sorte que, à proprement parler, le cas est toujours humain : il implique que soient mis en mouvement les impondérables des « mille actions physiologiques » et qu'y soient intégrés les facteurs sociologiques du milieu.

La loi est claire ; les circonstances sont toujours contingentes et elles forment des ensembles uniques, rétifs à toute appréciation sur leur nature ontologique et rebelle à toute évaluation *a priori*. Si cas il y a, il ne peut se trouver que dans la manière dont la personne prise dans les circonstances connait, en vertu de sa complexion et en vertu de sa place dans un milieu social, la loi morale.

L'identité du cas se trouve toujours dans cet impondérable d'une différence qui vient trancher de manière discrète sur une série continue de faits organisés. Il n'y a pas de vie du cas parce qu'il n'y a pas d'*histoire* dans la rencontre entre la personne, les faits et la loi.

EXTRAIT 2

Trois ans plus tard, le ton a changé. L'interrogation a fait place à la définition. Mais une définition plus opératoire que notionnelle puisque le cas de conscience est abordé dans sa relation au questionnement moral.

Le cas est présenté comme un problème, et donc comme une difficulté dont la solution n'est ni immédiate ni évidente. Mais à l'instar d'un problème mathématique, il contient des données qui serviront aussi bien pour la résolution, ce dont on part pour aller à la solution, que pour le mode de questionnement, ce qui indique dans quelle direction il convient de chercher. Parmi les données, le Vieux Moraliste compte les circonstances en tant qu'elles sont des éléments qui concourent à la moralité – et dans cet Extrait, l'auteur mentionne les actions moralement indifférentes, absentes dans l'Extrait 1. Tous les éléments factuels ne seront pas en ce sens des circonstances et toutes les circonstances ne seront pas retenues. Elles sont un faisceau de traits situationnels qui « concourent » et d'où résultera la moralité du cas. Les traits situationnels retenus n'incluent pas en eux-mêmes une valeur morale. La qualité morale est d'abord établie par le regard extérieur du moraliste (« on cherche… »). Ainsi le cas est pris entre deux types de regard : il a une réalité extérieure à l'énoncé de l'aveu qui le décrit – il a une réalité référentielle et indépendante ; sa réalité est aussi largement construite par l'énoncé qui le formule puisque, dans l'ensemble des traits situationnels, seuls ceux qui pourraient lui donner une charge axiologique sont dignes d'attention. Parce que le cas de conscience est évalué, il ne saurait être exactement un ensemble de faits : il faut les rassembler, peut-être même faut-il les sélectionner.

Toutefois la présentation du Vieux Moraliste ne précise pas ce qu'il attend de cette constitution du cas : pour quelles raisons faudrait-il se poser la question de la moralité de l'action ? Enfin, différence appréciable avec l'Extrait 1, le cas concerne les circonstances d'une *action* et non pas d'un assemblage de faits. Les circonstances désignent alors l'ensemble de facteurs concomitants et simultanément présents au cours d'un même processus. Elles ne sont pas seulement ce qui préexistait à l'action et ce qui subsistera après elle : elles ne sont pas un *décor* pour le cas. Parmi les circonstances de l'action, quand cette action fait la matière d'un cas, doivent plus particulièrement figurer l'intention (le *pourquoi*) et l'auxiliaire de l'action (*ce avec quoi*).

Les circonstances

Et en effet les circonstances sont tantôt des « causes », tantôt des « conditions », tantôt ce qui exerce une « influence ». Le statut de ces circonstances n'est ni constant ni homogène. Mais il apparaît ici que les circonstances ne sont pas des éléments factuels du monde extérieur. Elles participent à la « production » du cas, ou encore elles sont des facteurs qui relèvent de l'intériorité du sujet soit qu'il s'agisse de motifs et d'intentions, soit qu'il s'agisse de l'appréciation et de l'estimation de faits extérieurs. Elles sont à l'interface entre l'extériorité et la représentation consciente. L'agent peut donner de l'importance, comme il peut la leur retirer, à des traits situationnels extérieurs. Ainsi le temps et le lieu de l'action sont ouvertement constatables ; le choix que fait l'agent de l'action de leur donner une importance particulière est un événement de sa conscience privée. Dans l'*Orme du Mail*, toute la malice de la question adressée à Lantaigne est celée dans ce point précis : la victime a-t-elle perçu l'importance du détail du lieu au moment de se pendre ? A défaut de leur attribuer les mêmes *caractéristiques*, l'Extrait 2 confère aux circonstances le même *statut* que l'Extrait 1 : le cas a pour identité une addition différentielle ; son identité est celle de toute différence sur une série continue de cas voisins. Cependant l'Extrait 2 apporte deux différences *essentielles* : outre que ce qui fait cas est désormais une action, la différence entre les cas, telle que les circonstances la produisent, provient d'un jugement rendu au nom de deux principes moraux : le permis et l'interdit. De sorte qu'un curieux renversement s'opère : les faits n'ont d'importance que pour autant qu'ils sont évalués par la conscience ; les valeurs n'ont d'importance que dans la mesure où elles organisent des faits extérieurs. Il y a aussi bien une subjectivation des traits situationnels qu'il y a une objectivation des principes évaluatifs.

Deux sortes de problèmes

Le Vieux Moraliste va distinguer deux sortes de cas en distinguant deux sortes de problèmes. Et cette distinction est conforme à cette relation équivoque des faits et des valeurs : tantôt la valeur est dans le fait – ou elle devrait s'y trouver – ce sera le cas *mort*, tantôt le fait est évalué avant qu'il ne prenne corps dans le monde – ce sera le cas *vivant*.

Ainsi avant qu'elle soit accomplie, la pensée doit repérer *dans* l'action envisagée, mais qui n'est pas encore commise, la part d'*imputabilité morale*. Trois difficultés se présentent : la notion d'imputabilité morale n'est pas définie ; l'imputabilité se trouve dans l'action elle-même ; elle s'y trouve alors que cette action n'a pas eu lieu. Si l'imputation désigne une certaine relation de l'agent à son action, que cette imputation soit une cause, facteur déclenchant l'action, ou qu'elle soit un motif, élément rationnel et clairement connu, l'imputabilité établirait la modalité particulière par laquelle l'agent se rapporte à l'action envisagée. Prioritairement, c'est l'intention qui, avant l'exécution de l'action, permettrait d'en établir l'imputabilité. Mais comment repérer cette intention ? L'agent peut-il se voir imputer une action qui n'est encore qu'une intention ? Comment évaluer moralement l'intention d'une action absente dans le monde des faits ? Sous couvert d'une présentation objectivante du cas de conscience, le Vieux Moraliste renvoie son lecteur à l'exploration d'un élément *de* conscience (un motif) ou un élément *dans* la conscience (une

cause), d'autant plus difficiles à cerner qu'ils ne se manifeste-
ront peut-être pas dans une action. Mais, *seconde* difficulté,
peut-être que l'imputabilité morale désigne autre chose que
l'intention. Elle peut désigner la valeur, la norme ou les principes que l'agent entend respecter ou appliquer dans l'action à
venir. Ce qui donnerait tout son sens à ceci : l'action comporte
en elle-même l'imputabilité morale. L'action non encore
survenue possèderait des traits normatifs et évaluatifs. Normes
et valeurs seraient alors appelées à figurer à titre de propriétés
des éléments du monde factuel. L'action serait bonne ou
mauvaise en vertu de ses propriétés intrinsèques, et ces mêmes
propriétés ne seraient autres que la *réalisation* de valeurs et de
normes. Cela ne va pas sans soulever les inévitables difficultés
de la confusion des ordres ontologique et axiologique. A quoi
s'ajoute la *troisième* source de difficultés : l'action compren-
drait en elle-même ces traits normatifs et évaluatifs *avant*
qu'elle soit commise. Parmi les solutions possibles à cette
difficulté, l'une consisterait à faire de l'intention une action en
puissance : en agissant, un agent ne ferait qu'inscrire dans le
monde extérieur un « schéma d'action » interne. Il reste à
savoir quand une action en puissance a des contours suffisamment fermes pour que l'on puisse se prononcer sur cette
imputabilité morale. Cela demande de savoir à quel moment de
sa délibération l'agent a une notion suffisamment nette de son
action – si toutefois il faut opter pour une causalité mentaliste
de l'action. Cette solution ouvre la voie à des questions
épineuses : la conception mentaliste de l'action ne va pas de soi
(l'action est-elle l'exécution d'une intention qui en décide ?) ;
l'organisation de traits situationnels par des normes et des
valeurs, préalablement à toute inscription dans le monde
extérieur, est soit une pétition de principe (puisqu'elle est ce
qu'il faut démontrer), soit une régression qui ne résout rien (la
difficulté est déplacée du monde extérieur au monde de la

représentation). Sans compter la plus massive de toutes les questions : l'action peut-elle être l'entéléchie d'une action en puissance ?

La présentation du Vieux Moraliste s'expose encore à l'objection qui porterait sur l'individualité de l'action : est-il possible de discerner une action une, avec des caractères suffisamment fixes pour que son identité soit affirmée ? Est-il possible de supposer que l'action soit le fait d'un seul ? Et si l'action est le fait de plusieurs, comment estimer la part de chacun dans l'imputabilité morale de l'action ?

Ces questions se posent aussi à propos du problème auquel donne lieu l'action *accomplie*. Alors que l'action qui n'est pas faite dispose d'une charge morale, la charge morale de l'action accomplie se trouve dans la volonté qui l'a produite. Cette fois-ci l'examen remonte du fait à l'agent qui en est l'auteur. La moralité du fait importe moins que l'imputabilité morale du sujet. De plus la question de l'imputabilité concerne moins la connaissance et la conscience que pouvait avoir le sujet, que sa *volonté*. Dans l'action accomplie, le cas de conscience est un cas qui porte sur la faculté de se déterminer et sur les orientations de cette faculté : le cas de conscience se place du côté du « faire » et des motivations qui ont poussé à « faire ». Les éléments factuels, ce que la volonté du sujet a produit, ont moins d'importance, du point de vue de l'examen moral, que la volonté de l'agent : le cas de conscience ne concerne pas le fait *effectif*, mais le fait *tel qu'il a été voulu*.

Deux sortes de cas : le « cas vivant » et le « cas mort »

Cette distinction des problèmes va amener à une typologie des cas : le cas *vivant* et le cas *mort*. Cette typologie n'est pas la suite exacte de la division des *problèmes*, bien que la fin de l'Extrait puisse le laisser croire. En effet, parmi les cas vivants se trouveraient des cas posés à propos d'actions qui n'auront

pas été accomplies : les dilemmes de P. Foot et J. J. Thomson
en feraient alors partie. De même, au sein de la catégorie des
cas morts peuvent entrer les cas formés à propos d'actions bel
et bien accomplies : des cas vécus peuvent être des cas exem-
plaires et ils valent comme cas paradigmatiques – ainsi
Regulus plaidant au Sénat romain le refus d'échanger sa vie.

Alors que dans l'Extrait 1 le cas moral était un assemblage
de traits situationnels différentiels, perçu dans le décor
composé par les circonstances, placé dans un continuum
d'infinies variations, l'Extrait 2 insiste sur l'*action* qui sera la
matière du cas. Or cette action doit être appréciée par des
normes : le permis et l'interdit précèdent les cas et les évaluent.
La variété du cas procède alors de la variation résultant de
l'évaluation. L'identité du cas est donnée par une opération qui
interroge la qualité axiologique des traits situationnels. A la
comparaison de la photographie succède ici la comparaison
de la *pesée*. Rien n'est moins limpide toutefois. La pesée est
une opération qui manipule des éléments donnés pour les
ramener à une unité étalon qui n'en considère qu'un aspect.
La photographie, celle du moins qui consiste dans la saisie
d'une pose, n'agit pas sur les éléments qu'elle capte et, si elle
en transforme les aspects (le choix de l'angle ; la couleur ;
l'absence de relief ; la modification de la profondeur), elle ne
rapporte pas ce qui est capté à une unité standard. Elle préserve
l'hétérogénéité qualitative. Or la comparaison avec la pesée
indique qu'il faut saisir au plus près la qualité axiologique des
traits situationnels comme si, d'une part, cette qualité leur était
inhérente, comme si, d'autre part, cette opération ne produisait
pas une réalité différente de celle qui est censée être appréciée,
comme si, enfin, il était possible de « marquer le point précis
de la solution morale ». Si le Vieux Moraliste est sensible aux
infimes variations des cas, il les impute à la « présence ou
l'absence d'une condition » en oubliant que, sur la balance, les

conditions sont apportées par celui qui effectue cette pesée morale. Plusieurs obstacles se dressent donc. En voulant saisir la qualité axiologique d'une action, le Vieux Moraliste est amené à admettre d'une part que les circonstances contiennent des valeurs et des normes, d'autre part que tout cas moral peut être susceptible d'être rapporté à une seule dimension axiologique polarisée (le permis et l'interdit – pourquoi une balance à deux plateaux et non pas, par exemple, à plusieurs : le juste, le bon, l'exigible … ?). Il tient pour négligeable l'intervention de l'opérateur dans ce mouvement de pesée. S'il y avait un « bougé » qu'il fallait stabiliser dans la comparaison avec la photographie, il y a un « bougé » qu'il est nécessaire d'arrêter, celui de « ce petit milligramme » que l'opérateur place sur le plateau de la balance.

Vient ensuite la typologie des cas – avec ce qu'elle peut avoir d'artificiel. Le « cas mort » est le cas inventé pour les besoins de la cause ; il est issu d'une imagination qui le compose ; il cherche à instruire. C'est le cas des auteurs et des professeurs, et surtout ce sont « les cas de nos *livres* ». Les cas entrent dans l'écriture, or l'écriture est un dispositif de notation qui arrange. Elle arrange le théologien qui y trouve un moyen commode d'instruire, de faire part de son expérience et de former les séminaristes. Elle arrange le cas lui-même : les mots fixent les éléments mobiles – et la leçon de Bergson peut être retenue : saisir le mouvement du cas est impossible par des mots à moins d'être romancier – tel V. Hugo décrivant les revirements de la conscience de J. Valjean ; les mots disposent dans des séquences et par des structures ce qui, dans le monde, ne pourrait avoir lieu et histoire que dans la simultanéité et l'indétermination apparente des facteurs. Quoiqu'il ait une prétention pédagogique, ce type de cas fait tout l'inverse. Parce qu'il veut démontrer, le cas mort ne montre pas : il ne retient de la vie que quelques traits significatifs. Si le lecteur est un futur confesseur, il aura une idée de sa tâche plutôt qu'il en aura une connaissance précise. Plutôt qu'une photographie, image choisie par l'Extrait 1, le cas mort est une caricature de la vie (un « squelette »). Le cas mort est une composition : il retient quelques éléments qu'il juxtapose, et il ne les pose ensemble qu'en vertu d'un certain rapport voulu par leur auteur. Si les éléments du cas mort se trouvent dans le monde, la *relation* entre ces éléments n'y existe pourtant pas – ou du moins jamais ainsi. Le Vieux Moraliste se souvient sans doute du *Dictionnaire de cas de conscience* de Pontas où chaque entrée est suivie de la présentation de cas dont l'effet de réel ne trompe pas : noms et lieux fictifs, situations scabreuses, personnages ou actions fantomatiques. Le cas mort correspond à l'*animation* de principes moraux, mais cela se fait au détriment de la vie des circonstances elles-mêmes. A ce cas, il est possible de donner une solution parce que la solution a précédé le cas et qu'elle a présidé à sa conception même. Ce cas est : « résolu, et bien résolu » – c'est-à-dire mal résolu puisqu'aussi bien la solution n'a jamais été véritablement problématique.

Le « cas vivant » est le « vrai » : cas du confesseur, il est réel, physique, tangible. Le Vieux Moraliste a une conception réaliste naïve : le cas vivant se rencontre ; il est riche de traits situationnels nombreux et indénombrables ; son identité est mobile. D'une part, il offre une résistance au moraliste : il ne saurait s'inventer ; le réel est plus riche de possibilités que l'imagination de l'auteur. Ainsi a-t-il une « physionomie » : son identité a une forme identifiable, personnelle et unique. D'où, d'autre part, cette multiplicité de traits situationnels qui forment une pluralité *a priori* imprévisible de circonstances. De ce cas, nulle photographie ne peut être prise. Le cas vivant n'est plus tout à fait dans l'additivité d'éléments discrets : ses détails sont sujets à des influences ; les actions de chaque détail l'un sur l'autre ne se mesurent pas, ne s'anticipent pas : elles peuvent au mieux se constater et se décrire. Enfin cette vision vitaliste entraîne un décloisonnement du cas : il n'est pas pétri de traits fixes. Une nouvelle circonstance fait naître un « problème nouveau ». Mais cela conforte également cette conviction constante de l'auteur : le cas est un point d'arrêt sur une chaîne continue de traits situationnels en relation les uns avec les autres ; le cas est le moment d'une différence produite par la considération d'une circonstance qui remodèlera la physionomie des traits situationnels. Cela contribue enfin à accréditer la thèse de la facticité du cas. Si le cas mort est un cas fabulé et fabriqué par l'imagination, le cas vivant est un cas factice : l'invention d'une circonstance, ou du moins l'attribution d'une qualité axiologique à une circonstance, porte à l'existence un cas nouveau. La pesée se veut précise, mais quelles circonstances sont mises dans le plateau ?

Le Vieux Moraliste hésite manifestement entre une conception *réaliste* qui représente le cas comme une entité extérieure de laquelle un constat impartial peut être fait, et une conception *pragmatique* qui présente le cas comme l'œuvre d'une vue interprétative sur un même ensemble de faits. Or l'une mène nécessairement à l'autre : la conception réaliste n'est possible que parce qu'il faut identifier le cas à l'aide de traits situationnels organisés par des circonstances et à l'aide de traits évalués par des principes, de sorte que la réalité du cas est largement construite. Inversement, la conception pragmatique défendue par l'auteur distingue soigneusement le cas fabulé des auteurs du cas factice du confesseur. Le cas est produit, certes, mais sur le fondement d'une réalité, peut-être jamais atteinte ni jamais clairement identifiée, mais toujours visée d'une part et supposée d'autre part.

ALBERT R. JONSEN
« *La casuistique face aux principes :
alternative ou supplétive ?* »[1].

« Le cas est au cœur de la rhétorique ; ce sont sur des cas que les citoyens et les tribunaux délibèrent. Un cas est le lieu où sont mises en relation des personnes et des actions, en un certain temps et en un certain lieu, chacune d'elles pouvant être identifiée par des noms et des dates. Un cas est concret en ce sens qu'il est distinct de toute abstraction : il représente la congélation, la coalescence, ou la croissance commune (en latin *concrescere*) de plusieurs circonstances. Chaque cas est unique du fait des circonstances qui le composent, quoique chaque cas soit d'un type semblable à d'autres cas et qu'il puisse de ce fait leur être comparé afin d'en apprécier les nuances. Les cas sont concrets à différents niveaux. Certains seront constitués de personnes, inscrites dans des temps et des lieux précisément spécifiés ; d'autres, événements ou processus, peuvent être décrits en des termes plus généraux, comme le « cas de la guerre en Bosnie » ou le « cas de

1. A. R. Jonsen, « Casuistry : An Alternative or Complement to Principles ? », *Kennedy Institute of Ethics Journal*, vol. S, n° 3, 1995, p. 241-246.

l'expérimentation médicale ». Ce sont ces derniers que je nomme « cas majeurs », comme je l'indique un peu plus loin.

Les rhétoriciens de l'âge classique enseignaient avec compétence l'art de parler des cas et de les constituer, c'est-à-dire d'amener par la persuasion l'auditoire à une certaine opinion ou de l'amener à rendre un jugement conforme à leurs vœux [...]. La première étape, dans la rhétorique classique, consistait à comprendre ce que les rhétoriciens appelaient des « topoï », c'est-à-dire des « lieux », ou en d'autres termes, des topiques. [...]

Les topiques que les rhétoriciens concevaient comme des lieux ou espaces mentaux, sont comparables aux pièces du palais de la mémoire. A chaque matière différente correspondent des palais différents. Ainsi le palais construit pour la science politique dispose de pièces aménagées pour les éléments récurrents et invariables propres à ce sujet, à savoir, la forme du gouvernement, le lieu de l'autorité, le bien commun et ainsi de suite. Les topiques du commerce, du journalisme ou de l'éducation sont différents. Les topiques d'une tâche spécifiée figurent souvent en en-têtes des chapitres des manuels fondamentaux, mais ils sont en réalité les traits récurrents et invariants de cette activité. Les arguments pour ou contre une forme de gouvernement, par exemple, seront construits à partir des idées sur l'autorité ou sur le bien public, entre autres. La clinique médicale a également ses topiques. Dans notre ouvrage, *L'éthique clinique*, Mark Siegler, William Winslade et moi-même avons proposé quatre topiques propres à la clinique médicale : les indications médicales, les préférences exprimées du patient, la qualité de vie, et les caractéristiques du contexte. [...]

La seconde étape, une fois les topiques identifiés, est la description et l'évaluation des circonstances, c'est-à-dire des particularités de chaque cas. Les circonstances sont le mobilier et la décoration des pièces du palais de la mémoire. Une circonstance n'est pas qu'un simple fait isolé; elle est plutôt un fait au sein d'un topique, à l'instar des statues au sein d'une pièce. Les rhétoriciens classiques dressèrent la liste des circonstances : « qui, quoi, pourquoi, quand et où ». On peut décrire chacune d'elles à l'aide de noms propres ou des nombres : dates, durée, somme d'argent, statistiques, données acquises en laboratoire. Elles peuvent être rangées dans les topiques appropriés, de sorte que, en éthique médicale, les données de laboratoire tombent sous les topiques que sont les indications médicales, les coûts des soins sous les traits du contexte, l'âge du patient, en tant qu'il permet d'évaluer sa compétence à prendre des décisions, sous la préférence du patient, et, en tant que cela peut retentir sur la nature de la maladie, sous les indications médicales ou encore la qualité de vie.

« Les circonstances font le cas », dit-on quelquefois. Nous savons que quand nous examinons de près des cas particulièrement difficiles, les circonstances apparaissent bien indistinctes. Ce patient était-il un enfant ou une personne âgée ? Quelle était la dose de morphine ? Quelle était l'espérance de vie du patient ? Qu'est-ce que le patient savait exactement de son sort ? Nous prenons conscience que nos jugements à propos d'un cas dépendent souvent des réponses à ce type de questions, avec leur appréciation quantitative : le plus/le moins, le plus long/le plus court, le plus riche/le plus pauvre. Assez étrangement les philosophes de la morale accordent peu d'attention à la pertinence morale des circonstances. [...]

Que la métaphore du palais de la mémoire ne vous égare pas. La métaphore est acceptable parce que les espaces, en ce qui concerne la mémoire et l'argumentation, sont également des *topoï* de la rhétorique classique. Cependant la casuistique n'est pas simplement une méthode pour se souvenir des faits et des caractéristiques d'une difficulté; elle est une manière de les établir et de chercher une résolution du problème. Avec les circonstances que l'on choisit dans les topiques, parce qu'on les estime appropriées, apparaissent les arguments relatifs à ces circonstances. Ces arguments toutefois ne sont pas ces longues chaînes de raisons auxquels les philosophes peuvent recourir pour expliquer une thèse. Il s'agit plutôt d'arguments abrégés, de cette sorte qu'Aristote et les logiciens et les rhétoriciens de l'âge classique appelaient « enthymèmes ». Ces arguments se caractérisent par l'absence d'une prémisse, et ils parviennent à des conclusions probables plutôt qu'à des conclusions certaines. Ces arguments se présentent plus succinctement sous la forme de *maximes*, c'est-à-dire de constats que l'orateur suppose acquis et tenus pour incontestables par son auditoire.

Parmi ces lieux communs propres aux indications médicales, on pourrait trouver des arguments comme : « le risque d'infliger du mal au patient doit être proportionné à la perspective d'un bénéfice », « nul n'est tenu de prodiguer des soins futiles », « l'effet espéré doit être d'alléger la souffrance ». […]

Chaque lieu commun est un dépôt pour un grand nombre d'arguments abrégés. Comme l'écrivait Quintilien, un rhéteur de l'antiquité, « les lieux communs sont des carquois desquels les arguments, comme les flèches, sont tirés ». Il est évident toutefois que ces enthymèmes et ces maximes peuvent être contestés. La contestation vient parfois des faits et des circonstances. Par exemple, à la maxime « rien n'oblige à entreprendre des actions futiles », on peut répondre par « cela est vrai, mais en ce cas précis la réanimation est-elle véritablement futile ? », ou par la demande d'une définition, « c'est juste, mais que veut dire "futile" ? ». Parfois la contestation viendra des fondements logiques ou philosophiques de ce que l'on tient pour vrai, par exemple, en mettant en question la structure logique de l'argument dit du « double effet ». Dans certains cas, ces contestations se trouveront au sein même de la casuistique (« la réanimation est-elle dans ce cas vraiment futile ? »). Mais dans d'autres, elles imposent à la philosophie morale de se hisser à un niveau spéculatif de rang supérieur, comme par exemple, l'examen attentif des concepts d'efficacité, d'autorité et de probabilité, qui sont sous-jacents au terme « futilité » [L. Schneiderman, N. Jecker, *Wrong Medicine*, Baltimore, John Hopkins University Press, 1995]. C'est ici que la casuistique rencontre la philosophie morale proprement dite. […]

La dernière étape du raisonnement casuistique est la comparaison des cas. Il n'existe pas de problèmes éthiques absolument inédits. Quelle que soit sa nouveauté, le cas présente quelque ressemblance avec des problèmes qui sont plus familiers, ceux pour lesquels des solutions ont été proposées et, quelquefois, acceptées. On compare ainsi le cas nouveau avec le plus familier. Presque toujours cette comparaison implique la recherche des circonstances semblables et des circonstances différentes. Pour les cas les plus nouveaux, il apparaît parfois que les topiques dont découlera la discussion morale sont inadéquats : les usages ou les institutions ont changé soit profondément soit dans leurs détails. Selon notre conception, le raisonnement moral est avant tout un raisonnement par analogie ; il cherche à identifier les cas semblables au cas examiné ; il cherche à discerner si les circonstances ont changé, et si ce changement justifie un jugement différent pour le cas nouveau par rapport aux cas anciens. Pour revenir à notre comparaison initiale, le raisonnement éthique furète çà et là dans les pièces du palais, examinant avec soin leur contenu. La position définitive sur le cas et sa résolution adéquate résultent non pas d'un principe unique, ni d'une théorie dominante, mais de l'impression convergente que produisent tous les faits et tous les arguments pertinents tels qu'ils apparaissent dans chacun de ces espaces.

Durant des siècles, la philosophie n'a pas admis cette forme de raisonnement. L'idéal philosophique était d'approcher l'idéal mathématique, de partir de prémisses certaines pour parvenir à des conclusions certaines. Hobbes envisageait un tel idéal, Spinoza s'est efforcé de l'atteindre, et il a fasciné de nombreux philosophes. L'admonition d'Aristote, au début de l'*Ethique à Nicomaque* (1094b20), a été peu prise en compte: «(...) nous devons nous contenter, quand nous parlons d'éthique... de parvenir à des conclusions qui sont seulement en grande partie vraies... car c'est le propre d'une personne instruite de chercher la précision pour chaque classe d'objets dans l'exacte mesure que la nature de cet objet admet: il est manifestement tout aussi insensé d'accepter d'un mathématicien un raisonnement probable que d'attendre d'un rhéteur une preuve scientifique».

Dans ce passage, bien qu'il traite de l'éthique, Aristote fait référence à la rhétorique. Il souligne une fois de plus la nature rhétorique du raisonnement moral. La casuistique est cette forme de raisonnement moral qui, comme la rhétorique, est confrontée au cas dans toute sa particularité et dans toute sa spécificité et, comme le fait la rhétorique, qui cherche à découvrir des arguments persuasifs pour rendre un jugement droit sur le cas. Dans cette tâche, elle doit prendre très au sérieux la nature des usages ou des institutions dans lesquelles le cas se manifeste, et elle doit examiner avec soin les circonstances qui font de ce cas un exemple particulier d'une activité donnée. Ce travail ne fait pas de la casuistique une théorie à part de la théorie morale; il en fait un complément nécessaire pour tout raisonnement moral qui fouille dans une situation et qui voit ce qui la rend singulière et concrète [...]»

COMMENTAIRE

L'essor de la casuistique contemporaine s'explique par l'émergence simultanée d'une réflexion sur des questions pourtant anciennes et d'une profession inconnue jusqu'alors, celle d'*éthicien*. La «nouvelle casuistique» s'est placée dans la continuité de la pratique médicale avec ses soudaines avancées telles l'hémodialyse ou la transplantation d'organes. Il devint alors difficile d'interpréter les préceptes hippocratiques : qui faut-il sauver si les soins trop onéreux ne peuvent être dispensés à tous? Que veut dire : «ne pas nuire» alors que des enquêtes, dont celle de Beecher, dénoncent le dessein immoral de projets de recherche biomédicale? La vie doit être sauvée, mais quelle qualité de vie est ainsi assurée?

Le Texte d'A. R. Jonsen a plus d'un mérite : il rappelle opportunément que la casuistique n'est pas née *ex nihilo*, qu'elle n'est pas d'emblée orientée vers la morale, et qu'elle n'est pas apparue avec le christianisme. Il est publié sept ans après le livre majeur écrit avec Toulmin, qui a redonné vie et souffle à la casuistique ; il s'en démarque quelque peu puisqu'il ne fait plus état du même modèle de traitement et de résolution des cas difficiles. Sans qu'il marque une véritable césure, l'article choisit une autre porte d'accès à la même thématique. Il s'intéresse de plus près à la structuration du cas en offrant une large place aux lieux communs et aux maximes. Le chapitre 16 du livre refondateur de JT consacrait tous ses efforts à trouver, ou à produire, le cas paradigmatique susceptible d'inclure le cas nouveau. La tâche dans l'article ultérieur est de brosser une méthode plus soucieuse des détails du cas.

A. R. Jonsen trace ici une généalogie de la casuistique qui serait issue en partie de la rhétorique classique, et il esquisse une méthode de traitement et de résolution des cas bâtie par analogie avec la science du prétoire : « (…) la casuistique est un raisonnement rhétorique appliqué aux matières morales » [1].

DE LA RHETORIQUE A LA CASUISTIQUE

En choisissant de citer Matteo Ricci (1552-1610) et son *Jifa* ou *Traité sur les Arts mnémotechniques* (1596), A. R. Jonsen assigne à la casuistique une généalogie et une méthodologie qui peuvent paraître bien lointaines de la réflexion morale. A destination d'abord des fils d'un gouverneur chinois qui se présentaient à un concours, M. Ricci propose un système de mémorisation consistant à construire par la pensée des lieux fictifs pour y placer des concepts et des connaissances [2]. Si M. Ricci attribue la paternité de ces palais au poète Simonide, il ne faut pas oublier qu'il a lui-même suivi le programme d'étude des jésuites et qu'il a été formé à la rhétorique par le manuel alors en vogue de Cypriano Soarez *De Arte Rhetorica*. Une longue tradition, de Cicéron (*De l'orateur*, II, LXXXVI, 354 ; *Rhétorique à Hérennius*, III, 29) à Quintilien (*Institutions Oratoires*, XI, 2, 21), propose de fortifier la mémoire par à une technique mentale faisant appel à

1. A. R. Jonsen, « Casuistry…. », p. 241.

2. J. D. Spence, *Le palais de mémoire de Matteo Ricci*, trad. fr. M. Leroy-Battistelli, Paris, Payot, 1986, p. 16-17.

des images d'espaces aménagés. Le parti d'A. R. Jonsen est de placer la casuistique sous les auspices d'un auteur faisant lui-même appel à des procédés de la rhétorique. A. R. Jonsen fait sienne cette image, et il l'utilise pour présenter une méthode de traitement des cas. Ce n'est donc pas une coïncidence que cette généalogie puisqu'elle sera doublée d'une filiation méthodologique. Le rhéteur qui compose un discours persuasif doit disposer ses arguments à l'aide de « lieux ». Mais disposer les connaissances en les localisant dans des espaces fictifs pour les retrouver en cas de besoin, cela ne suffit pas pour argumenter : « Une fois que vos emplacements sont bien en ordre, vous pouvez franchir la porte et commencer » (*Jifa*, 22)[1].

Cas, casuistique, rhétorique

A. R. Jonsen propose une définition du cas qui lui permettra de l'aborder dans les termes de la rhétorique classique : le cas est la rencontre de personnes et d'actions en un certain temps et en un certain lieu. Il s'appuie ici sur la notion thomiste de « circonstances » qui permet au théologien de décrire une action dans les termes préalables à son évaluation, cela à l'aide de sept paramètres : l'auteur de l'action, l'action, l'intention, le moyen de l'action, le lieu et le temps. Les circonstances désignent, littéralement, ce qui est autour de l'action et ce qui la cerne, pour mieux la discerner. Or les circonstances importent grandement au rhéteur : elles lui serviront à construire son discours et à varier les « couleurs »[2] de l'argument. L'incidence de la rhétorique sur la casuistique

---

1. J. D. Spence, *Le palais de mémoire de Matteo Ricci, op. cit.*, p. 22.
2. « Manière de présenter les choses en en changeant la portée… », M. Pougeoise, *Dictionnaire de rhétorique*, Paris, Armand Colin/VUEF, 2011, p. 90.

est attestée par les textes eux-mêmes : le théologien J. Gerson, nous l'avons vu, cite plusieurs siècles après, et mot pour mot, le rhéteur Némésius. Cette incidence laisse entrevoir la nature et le statut du raisonnement que propose A. R. Jonsen. D'une part, le cas est soulevé à propos de faits qui sont incriminés : le cas est mis en question par des normes sociales, juridiques, morales. D'autre part, il n'a d'existence que normative : sans les normes inquisitrices, le cas serait un ensemble de faits indifférents. Enfin, et peut-être surtout, le traitement du cas ne peut pas proposer de conclusion universelle et intangible. Il fait partie d'un processus d'interaction entre le rhéteur et le tribunal – d'où l'importance des « couleurs » du discours ; il ne peut donner qu'une probabilité en ce double sens que la conclusion n'est pas certaine mais qu'elle est acceptable et, par cela même, acceptée.

A. R. Jonsen aborde la notion de cas par des images (congélation, coalescence, croissance), les unes relevant du domaine de la matière, les autres du monde vivant. Mais toutes ces images partagent ces mêmes points communs : la présence d'éléments d'abord distincts, le passage soudain d'un état à un autre état, l'émergence d'une unité et d'une individualité qui ne paraissent pas *a priori* prévisibles. Pour qu'il y ait cas, il faut donc qu'il y ait un passage vers une forme inédite et imprévisible. Ce caractère inédit se présente sous deux aspects qui ne sont peut-être pas compatibles. D'une part, le caractère inédit est renforcé par les circonstances qui jouent ici le rôle de facteurs *d'individualisation* alors que, traditionnellement et conformément à l'étymologie, les circonstances sont *autour* du cas ; elles n'en sont pas la définition. Le cas est présenté ensuite dans sa *différence* d'avec les autres cas ; son identité est aussi relative à celle des autres cas. Tantôt le cas possède une existence *positive*, il existe en lui-même et par lui-même ; tantôt il a une existence *privative* : il est ce que ne sont pas les autres cas. De sorte que sans la vision émergentiste du cas, A. R. Jonsen serait dans la lignée du Vieux Moraliste.

Toutefois cette hésitation n'est pas une contradiction : il est nécessaire que le même cas soit repéré (il est nécessaire qu'il soit *identifié* comme cas), et qu'il soit replacé au sein d'un ensemble de cas avec lesquels il entretient des rapports de ressemblance ou de contiguïté. Ce double regard n'est pas un statut double : résoudre un cas, cela reviendra à le rapprocher des autres cas pour connaître les solutions qui leur ont été naguère données. La solution donnée au cas le plus « proche » sera appliquée au cas initial, non sans adaptation quand il le faudra. De sorte que A. R. Jonsen distingue le traitement des cas selon qu'ils sont numériquement uns, ou selon qu'ils sont plus généraux – ceux qu'il appelle les « cas majeurs » (la guerre en Bosnie, l'expérimentation en médecine).

Se pose alors la question du caractère « concret » du cas. Le cas est concret, mais il peut l'être de diverses manières et selon divers degrés. Le cas peut être numériquement un, inédit et sans précédent; il peut être un ensemble posé comme "un" alors qu'il est composé de séquences répétées de faits semblables ou suffisamment proches (le cas de l'expérimentation médicale); il peut renvoyer encore à une existence de raison comme il existe des êtres de raison (le cas de la guerre en Bosnie) pour lesquels l'esprit extrapole quelques propriétés singulières afin de désigner sous une même appellation une série de faits. Par exemple, étant donné ce que nous en savons, il ne serait pas possible de parler du « cas de la Guerre de cent ans » : la série de faits est si désunie qu'il faudrait puissamment écarter certains événements ou certaines caractéristiques pour obtenir un certain « air de famille ». Il s'ensuit que l'on peut demander à A. R. Jonsen qu'il démontre davantage ce qui fait du cas une réalité concrète. Le cas est-il une réalité *distincte*, appartenant au monde, que l'on discernerait immédiatement ?

Ou est-il une réalité *factice*, construite par l'esprit, élaboré par l'emploi des circonstances ? Il suffirait alors d'une description différente pour inventer un autre cas – ou pour dissoudre le cas initial.

Tout l'enjeu du texte d'A. R. Jonsen est là : le cas a-t-il une réalité ontologique indépendante (la description *constate*), ou est-il un être méthodologique produit par les artifices du langage (la description *construit*) ? A ce moment du texte, A. R. Jonsen propose une conception *extensive* du cas selon qu'il désigne un fait ou selon qu'il désigne un ensemble de faits – sans développer plus avant quelle en serait la nature. En revanche le texte entretient l'hésitation sur la nature du cas. La rhétorique apprend comment faire un cas (« *how to make a case* », A. R. Jonsen, *ibid.*, 242) et cela s'entend de deux façons : tout d'abord comment *construire* un cas ? Et ici, il n'existe pas avant sa description. Ensuite, comment *présenter* un cas ? Et là, la description restitue et transpose dans l'ordre du langage son existence.

Les topiques

A. R. Jonsen reprend le vocabulaire de la rhétorique et il l'utilise pour décomposer en trois étapes le processus argumentatif casuistique. La première rassemble des topiques ou des lieux communs, ceux dont se servent les rhéteurs dans les discours persuasifs. Si les circonstances singularisent et donnent au cas son identité *numérique*, les lieux communs vont permettre de donner au cas un air de *familiarité* en facilitant ainsi le rapprochement entre les cas indépendants. Dans la rhétorique classique, les lieux communs désignent tout ensemble de convictions à la fois partagées et transversales. Ces convictions ne sont pas le fruit d'une connaissance démonstrative ou expérimentale, et elles ne sont pas non plus attachées à une seule discipline ou à un seul domaine. Ces convictions résultent d'un consensus sur des expériences-types de toute vie humaine – qu'elles soient étayées par une connaissance précise ou éprouvée, ou qu'elles expriment un état des mœurs d'une époque et d'une société données.

En regardant de plus près les exemples d'application des lieux communs, il apparaît qu'ils n'ont de place, chez A. R. Jonsen, que dans les sphères de la vie pratique, celles où la décision prend le pas sur la connaissance, et celles où le risque existe (les affaires, la politique, la médecine). En revanche chaque domaine d'action a ses propres lieux communs, ceux de la politique n'étant pas ceux des métiers de la santé. La transversalité des lieux communs de la rhétorique est d'une autre nature que celle des lieux communs tels qu'ils sont ordinairement compris et utilisés, sortes de passe-partout, valables toujours et partout, et que la Sagesse des nations représente. «Un tien mieux que deux tu l'auras» vaudrait autant pour le grossiste qui négocie une affaire que pour le sportif qui, ménageant ses forces, ne se dispersera pas dans tous les tournois du calendrier. Les lieux communs, dans ce texte, sont des manières d'appréhender des faits propres à une sphère d'activité, et ils ont une fonction qui s'exerce à la manière d'une routine. Les lieux communs ne sont pas en eux-mêmes des arguments; ils préparent à l'argumentation; ils mettent en scène les circonstances (« *the interior design of the palace* », *ibid.*, 242); ils leur donnent une armature propre à instituer un sens (les indications médicales, les préférences du patient, la qualité de vie, les traits contextuels). Les lieux communs permettent à A. R. Jonsen de placer les circonstances du cas dans un contexte qui lui est propre : la connaissance des institutions et celle de l'exercice de ces institutions donnent à une série de faits une rationalité immanente. Le sens des faits est donné par les lieux communs : il n'est pas accessible par une raison dégagée de la pratique.

Les circonstances et les maximes

Deux éléments vont intervenir dans la seconde étape de la fabrication du cas : les circonstances ; les maximes. A. R. Jonsen insiste particulièrement sur le rôle actif des circonstances : « *Circumstances make the case* » (*ibid.*, 243). Elles ne sont pas des éléments du cas ; elles le fabriquent. La description et, simultanément, l'évaluation qu'elle entraîne produisent le cas – ce qui laisse entendre que le cas n'existe pas avant ce double processus descriptif-évaluatif. La seconde étape concerne donc la description et l'évaluation des circonstances. Cette double opération demande des éclaircissements puisqu'il est d'usage, depuis Hume, de distinguer les jugements factuels des jugements normatifs en interdisant le passage logique des premiers aux seconds. De ce qui est, on ne saurait validement déduire ce qui devrait être. Mais il n'est pas question, à ce moment de l'article, de l'évaluation morale des circonstances ni de l'évaluation morale de la situation totale dans laquelle elles figurent. Il s'agit, en premier lieu, d'évaluer dans une situation ce qui est une circonstance, ce qui est un trait significatif pertinent de la situation, et d'écarter ce qui n'en est pas ; il s'agit ensuite d'évaluer sous quel topique se range la circonstance retenue dans l'énoncé descriptif qui en est fourni. Il s'ensuit que le moment descriptif est *simultanément* un moment évaluatif : la description pointera le trait situationnel pertinent ; l'évaluation guidera la description puisque ne figureront dans l'énoncé de la situation que les traits qui permettent d'en proposer un sens. Par exemple, dans une relation de soin où le médecin sait que le conjoint de sa patiente est porteur du sida, le numéro d'inscription sur le répertoire

ADELI n'est pas une circonstance, toutes choses égales par ailleurs. En revanche, que le même médecin soit le médecin référent du conjoint est une telle circonstance ; cette circonstance entrera dans l'un ou l'autre topique : « ne pas garder pour soi la vérité que l'on sait être utile à autrui » ; « ne pas trahir la confiance qui nous est faite et dont témoigne un aveu qui coûte ».

Cette ambivalence des circonstances (décrire/évaluer) transparaît dans les deux conceptions présentes dans le texte. En tant que les circonstances *décrivent*, elles relèvent, selon A. R. Jonsen, de la rhétorique classique dont, depuis saint Thomas, la liste est limitée à sept : qui, quoi, comment, pourquoi, par quel moyen, où, quand. Or, de cette liste, A. R. Jonsen ne conserve pas les circonstances de « manière » et de l'« auxiliaire de l'action ». Cela est significatif : ces deux dernières circonstances identifient le cas en tant qu'*action*. Les seules circonstances citées circonscrivent le cas dans un cadre spatio-temporel ; elles en font une réalité discrète, individuelle et se suffisant à elle-seule. Les exemples donnés sont évocateurs : les noms propres, les quantités (dates, durée, montant financier, statistiques, résultats des analyses) – tout cela relève d'un souci de désigner en individualisant. En toute rigueur, ces cinq circonstances placent le cas hors de tout contexte et hors de toute situation. En revanche, la circonstance de « manière » impose un jugement interprétatif, et notamment des intentions de l'agent de l'action ; l'« auxiliaire de l'action » fait appel à des éléments physiques extérieurs. Les deux circonstances oubliées par le texte créent, sinon à elles seules du moins en tant qu'elles entrent dans la description avec les cinq autres, un effet de dynamisme : elles font du cas un *cas en action* ; l'action du cas n'est plus figée, mais elle est reliée d'une part à l'intériorité de l'agent, d'autre part à l'extériorité de la situation (où l'agent a-t-il pu se saisir de ce moyen de l'action ? en vue de quoi l'a-t-il pris?). La métaphore de la statue (*« as statues »*, *ibid.*) est claire : les circonstances sont alors seulement descriptives d'un cas, et pas d'une action.

Toutefois les circonstances *évaluent* : elles entrent dans les topiques (les indications médicales, les préférences exprimées du patient, les traits contextuels, la qualité de vie). Si les circonstances décrites identifient un *fait*, elles ne suffisent pas à identifier proprement un *cas* : il est nécessaire qu'elles entrent dans une catégorie. Celle-ci les rattache d'une part à un sens, et, d'autre part, elle organise tous les éléments situationnels en fonction de ces circonstances. L'usage descriptif des circonstances les utilisaient comme des marqueurs individualisant des faits ; l'usage évaluatif des circonstances, en tant qu'elles entrent dans les topiques, les utilise comme des variables situationnelles, mouvantes (*« greater, lesser, longer, briefer, richer, poorer »*, *ibid.*). Cela permet, par voie de retour, d'adopter une action appropriée. Car si la description peut prétendre viser une réalité extérieure indépendante, si les énoncés descriptifs peuvent prétendre être référentiels, en revanche, l'évaluation est tout aussi bien constitutive du cas : quels topiques faut-il retenir et pourquoi les quatre topiques cités par A. R. Jonsen seraient-ils les seuls et les plus adaptés ? Quelles circonstances entrent sous les topiques – et *quels* topiques ? Ce processus est donc révisable. Dans l'exemple plus haut, les préférences exprimées du conjoint porteur du sida pourraient être la demande du maintien du secret médical. Certains faits n'entreront pas alors dans la description du cas et ne seront pas des circonstances – ainsi l'activité sexuelle du couple n'importera pas et elle ne figurerait pas dans l'énoncé du cas. Inversement si la priorité est donnée à la qualité de vie (autre topique), cette activité sexuelle devient une circonstance déterminante du cas. Le cas change de visage et de signification, alors que les éléments factuels qui le composent sont les mêmes, selon la construction faite à l'aide des circonstances retenues, et à l'aide des circonstances éligibles en raison des priorités accordées aux topiques.

Cette seconde étape marque la voie vers la résolution des cas – et ce sont les *maximes* qui le permettront. L'argument approprié au cas ne peut pas être avancé tant que les circonstances ne sont pas réunies par un énoncé descriptif, et tant qu'elles ne sont pas soumises à évaluation par la subsomption sous des topiques. Cette subsomption se fait par l'intermédiaire de principes-réflexes, de maximes, qui sont des raisonnements implicites ou condensés. Il s'agit de règles générales sur lesquelles l'adhésion se fait – et A. R. Jonsen de citer les enthymèmes de la *Rhétorique* aristotélicienne. En les développant plus complètement ou en les rattachant aux principes les plus généraux, on retrouverait les principes de bienfaisance et d'autonomie.

Si A. R. Jonsen se soucie de proposer une méthode de traitement des cas, il semble faire l'économie d'une démonstration intégrale des arguments. Les insuffisances de toute approche théorique qui chercherait à déduire depuis des principes généraux les règles de l'action pour la situation singulière rencontrée, ne sont sans doute pas compensées ici par une approche plus soucieuse d'efficacité (« tirer des flèches de son carquois ») et d'adéquation des réponses, mais qui ne peut pas fonder en raison sa démarche : quel topique retenir pour ordonner les circonstances ? Et en effet, dans le même exemple, pourquoi la préférence exprimée par le conjoint porteur du sida devrait-elle primer sur la qualité de vie de l'épouse ? Comment justifier l'application de *telle* maxime pour permettre *telle* subsomption ? Suffit-il qu'une action emporte l'adhésion pour qu'elle soit juste ? La résolution du cas tient de la rhétorique et sa force et sa faiblesse : être une éristique des raisons ne fonde pas une science herméneutique qui donnerait ses règles interprétatives du sens d'une situation, en contrôlant les procédures de sélection des circonstances, de subsomption sous les topiques, d'application des maximes, et, plus que tout, de fondement des maximes.

A. R. Jonsen n'est pas insensible à ce grief. L'absence de rigueur *démonstrative* n'est pas l'absence de *toute rigueur*. Trois critères de l'argumentation apparaissent : *l'appropriation* des faits aux circonstances – pour l'exemple donné dans l'article, sommes-nous bien *ici* dans le cas d'un acharnement thérapeutique ? Mais il s'agit aussi de s'assurer de *l'adéquation* des circonstances aux topiques – le principe du double effet donne-t-il *ici* un contenu à la maxime « ne pas chercher à nuire » ? Enfin il s'agit de veiller à la *pertinence* des maximes choisies quand elles sont explicitées – le soin est-il *ici* véritablement futile ? – et rapportées aux principes les plus généraux. Ainsi la non-malfaisance doit être étudiée par l'examen des concepts d'efficacité et d'autorité.

La comparaison des cas

La comparaison des cas marque la dernière étape du raisonnement casuistique. Si chaque cas est unique, il n'est pas absolument nouveau. La nouveauté n'est pas sans offrir de la ressemblance avec ce qui a déjà été constaté. Il s'agit alors de rapporter le cas nouveau aux cas plus anciens, d'examiner s'il est possible de transférer la résolution déjà proposée au cas qui se fait jour. La comparaison cherche les ressemblances et les différences dans les *circonstances* du cas. Ainsi le cas apparaît une fois encore comme réalité positive et comme réalité privative : il est circonscrit par les circonstances mais, de ce fait même, le moindre changement dans les circonstances le place dans les ramifications d'un arbre logique : il est bâti à l'instar du cas immédiatement suivant – à la différence d'une circonstance. Ce qui reconduit l'ambiguïté portant sur l'ontologie du cas – du moins en tant qu'il est envisagé par les circonstances. Est-il une réalité *que l'on décrit* ou est-il une réalité *parce qu'il est décrit*, voire est-il une réalité *comme il est décrit* ?

La comparaison peut chercher les ressemblances et les différences dans les *topiques* qui subsument les circonstances. La ressemblance est alors pensée en termes d'*analogies* : il s'agit de chercher à superposer l'un à l'autre, non pas des éléments du réel, ou des éléments du réel tels qu'ils ont été énoncés dans l'acte descriptif, mais de superposer l'une à l'autre la relation que ces éléments entretiennent avec des *maximes*. Or comme ces maximes sont des principes-réflexes produits par des routines au sein d'une pratique, ayant elle-même cours dans une société, l'analogie doit supposer une relative *constance* : la gestation pour autrui est-elle analogue au seul mode de gestation connu jusque-là ? L'intervention d'une tierce personne, la conclusion d'un contrat, la cession d'un enfant au couple d'intention, tout cela modifie-t-il ce qui est dit et pensé de la gestation ? Le raisonnement par analogie repose sur la constance des relations entre des éléments dont les circonstances sont nécessairement différentes au cours du temps. Mais le propre de l'histoire humaine est de créer de la nouveauté ; l'histoire n'est pas une évolution au cours de laquelle des potentialités seraient actualisées, aléatoirement ou selon des lois nécessaires.

Il s'ensuit que le raisonnement par analogie ne peut être utile et fécond que si l'on suppose la *constance de la perception des relations*. Ce qui ne choque pas un chrétien qui a foi dans la conception virginale du Christ (*Mt* 1, 18) ou qui valide moralement la gestation de la servante (*Gn* 16, 2) peut choquer ce même chrétien quand il est question de gestation pour autrui à l'intention d'un couple infertile. Ce qu'A. R. Jonsen exprime en évoquant une « impression convergente ». Il n'est pas pour autant question d'une forme d'intuition irrationnelle et arbitraire : la solution reposant alors sur une faculté propre à qui la formulerait. La convergence d'impression résulte de la perception d'une époque et d'une société données. L'impression n'est pas le flou – tout au contraire. L'analogie entre les cas n'est pas une propriété constitutive des cas ; elle procède d'une opération rationnelle qui examine tour à tour les maximes et les raisonnements en cours dans une société, pour les rapporter à ceux qui ont eu cours dans un état antérieur de cette société. Le fondement du raisonnement analogique, ici, est la constance des convictions morales d'une société quels qu'aient pu être les innovations technologiques ou les changements idéologiques.

La casuistique est, pour A. R. Jonsen, une « forme de raisonnement moral » confronté aux cas singuliers et qui ne cherche, tout comme la rhétorique, qu'un argument persuasif. Mais, loin de ce que la pensée platonicienne assène, « persuasif » ne veut pas dire « faux » ni « irrationnel » ni « aveugle ». La démarche est *méthodique* : elle part de l'investigation des circonstances ; elle est *réfléchie* : elle part à la recherche de principes quand cela est nécessaire, et seulement pour autant que cela est nécessaire ; elle vise la résolution d'un cas singulier ; elle est *prospective* : elle tient compte de la nouveauté des manières de vivre pour chercher à leur apporter une solution adaptée ; elle est *évolutive* : elle ne reproduit pas de manière systématique des solutions relevant d'un autre état de convictions de la société.

L'absence de fondement théorique ou l'absence de recours à la théorie a souvent été reproché à la méthode casuistique. L'article, en se plaçant dans la lignée d'Aristote, montre que tout au contraire c'est *la théorie qui est sans fondement théorique* : principes non démontrés et non démontrables, principes constants dont on peut déduire, tout comme dans la physique cartésienne, une infinité de conséquences qui ne sont ni toujours cohérentes ni toujours convergentes, principes abstraits dont il reste à montrer comment ils trouvent à se spécifier pour entrer dans les faits afin de les évaluer ou afin de les transformer. A la déduction théorique impossible, voire absurde, A. R. Jonsen préfère avec Aristote la règle de plomb des architectes de Lesbos qui épouse les contours des pierres à mesurer.

Validité du modèle

La force du raisonnement par cas proposé par A. R. Jonsen tient dans sa présentation détaillée : les circonstances constituent le cas qu'elles décrivent ; les maximes organisent les circonstances de manière à comprendre le cas par des maximes ; les maximes qui sont les principes-réflexes développés par l'expérience d'un ensemble de la société (une profession par exemple), ou les principes-réflexes de la société toute entière, disposent le cas dans un ou des topiques ; le cas décrit, c'est-à-dire constitué et évalué, est confronté à d'autres cas avec lesquels une analogie *peut* être trouvée.

On ne saurait faire à A. R. Jonsen le grief de ne rien dire de la *validité* ni de la *pertinence* de la solution apportée. Cet aspect est en réalité abordé avec ce qui fait le propre de cette méthode par cas : un cas n'est pas un fait isolé traité isolément ; il est toujours un fait construit par un acte descriptif qui ne prend sens que dans un contexte, celui des « institutions et des pratiques établies » (« *settled practices and institutions* », *ibid.*, 246). C'est au sein d'une société et de ses pratiques, avec tout ce qu'elles ont d'implicite et de tacite, que les cas se présentent. L'analogie entre les cas est sous-tendue par la constance de la perception que cette société a de ses propres pratiques.

Tout examen des cas est, en ce sens, de nature et de portée sociales. Le fondement de la méthode casuistique n'est pas à chercher ailleurs : comment une société dote de significations ses pratiques. En cela, la méthode par traitement des cas est simultanément une herméneutique (le cas n'a d'existence que pour autant qu'il a un sens et dans la mesure où ce sens lui est conféré au terme d'un effort descriptif) et une auto-compréhension par la société des pratiques qui y ont cours ou qui viennent y prendre place.

TABLE DES MATIÈRES

TEXTES ET COMMENTAIRES

DANS LA MÊME COLLECTION

Filipe DRAPEAU CONTIM, *Qu'est-ce que l'identité ?*
Éric DUFOUR, *Qu'est-ce que le cinéma ?*
Éric DUFOUR, *Qu'est-ce que la musique ?*, 2ᵉ édition
Julien DUTANT, *Qu'est-ce que la connaissance ?*
Hervé GAFF, *Qu'est-ce qu'une œuvre architecturale ?*
Pierre GISEL, *Qu'est-ce qu'une religion ?*
Jean-Yves GOFFI, *Qu'est-ce que l'animalité ?*
Denis GRISON, *Qu'est-ce que le principe de précaution ?*
Gilbert HOTTOIS, *Qu'est-ce que la bioéthique ?*
Annie IBRAHIM, *Qu'est-ce que la curiosité ?*
Catherine KINTZLER, *Qu'est-ce que la laïcité ?*, 2ᵉ édition
Sandra LAPOINTE, *Qu'est-ce que l'analyse ?*
Michel LE DU, *Qu'est-ce qu'un nombre ?*
Pierre LIVET, *Qu'est-ce qu'une action ?*, 2ᵉ édition
Louis LOURME, *Qu'est-ce que le cosmopolitisme ?*
Michel MALHERBE, *Qu'est-ce que la politesse ?*
Paul MATHIAS, *Qu'est-ce que l'internet ?*
Lorenzo MENOUD, *Qu'est-ce que la fiction ?*
Michel MEYER, *Qu'est-ce que l'argumentation ?*, 2ᵉ édition
Cyrille MICHON, *Qu'est-ce que le libre arbitre ?*
Paul-Antoine MIQUEL, *Qu'est-ce que la vie ?*
Jacques MORIZOT, *Qu'est-ce qu'une image ?*, 2ᵉ édition
Gloria ORIGGI, *Qu'est-ce que la confiance ?*
Mélika OUELBANI, *Qu'est-ce que le positivisme ?*
Claude PANACCIO, *Qu'est-ce qu'un concept ?*
Denis PERRIN, *Qu'est-ce que se souvenir ?*
Roger POUIVET, *Qu'est-ce que croire ?*, 2ᵉ édition
Roger POUIVET, *Qu'est-ce qu'une œuvre d'art ?*
Manuel REBUSCHI, *Qu'est-ce que la signification ?*
Dimitrios ROZAKIS, *Qu'est-ce qu'un roman ?*
Jean-Marc SÉBÉ, *Qu'est-ce qu'une utopie ?*
Yann SCHMITT, *Qu'est-ce qu'un Dieu ?*
Franck VARENNE, *Qu'est-ce que l'informatique ?*
Hervé VAUTRELLE, *Qu'est-ce que la violence ?*
Joseph VIDAL-ROSSET, *Qu'est-ce qu'un paradoxe ?*
John ZEIMBEKIS, *Qu'est-ce qu'un jugement esthétique ?*

Imprimerie de la manutention à Mayenne (France) - Août 2013 - N° 2117665⁵
Dépôt légal : 3ᵉ trimestre 2013